Allgäuer Alpen
LINDAU
BODENS
RAVENSBURG
FRIEDRICHSHAFEN
MEERSBURG
BIBERACH a. d. R.
OBERSCHWABEN
Donau
311
EHINGEN
Munderkingen
Obermarchtal
Zwiefaltendorf
Riedlingen
Scheer
Mengen
Pfullendorf
Sigmaringendorf
SIGMARINGEN
Meßkirch
Schmiechen
Schelklingen
Weiler
Blaubeuren
28
312
Hayingen
Anhausen
Indelhausen
Zwiefalten
Upflamör
Inzigkofen
Gutenstein
Burg Wildenstein
Schloß Bronnen
Jungnau
465
Böttingen
Auingen
Gundelfingen
Hundersingen
Wimsener Höhle
32
Veringenstadt
Hausen i. T.
Beuron
Mühlheim a. d. D.
TUTTLINGEN
Fridingen
Schloß Werenwag
Stetten a. k. M.
Frohnstetten
Irndorf
Laichingen
Tiefenhöhle
Feldstetten
MÜNSINGEN
Grafeneck
Landgestüt
Marbach
Sternberg
844
Gammertingen
Winterlingen
Straßberg
GROSSER HEUBERG
Heinstetten
Würmlingen
Schertelshöhle
Zainingen
Gomadingen
Steinhilben
Mägerkingen
Neufra
Schwäbische Albstraße
Gürbheim
14
Westerheim
Großengstingen
313
Trochtelfingen
463
Hartheim
Böttingen
Seeburg
Meßstetten
Nusplingen
Donnstetten
Böhringen
Hohenwittlingen
508
Römerstein
874
Hausen
Bitz
Unterdigisheim
Oberdigisheim
Lichtenstein
Stetten u. H.
Ebingen
Hossingen
Obernheim
Würtingen
Honau
Erpfingen
Burladingen
Wiesensteig
Gutenberg
Holzelfingen
Bärenhöhle
Tailfingen
St. Johann
Schopfloch
Nebelhöhle
Melchingen
Sonnenbühl
Undingen
Kornbühl
Hausen i. K.
Gosheim
Wehingen
Bad Urach
Willmandingen
887
Killer
Albstadt
Deilingen
Genkingen
Salmendingen
Beuren
Raichberg
Onstmettingen
Zeller Horn
Hundsrücken
931
Lochenstein
Schalksburg
Ratshausen
Hohe Warte
820
Ochsenwang
Oberlenningen
Pfullingen
Burg
Hohenzollern
855
Wellstetten
Dettingen a. d. E.
Weilheim
Sulzburg
Owen
Beuren
Neuffen
Eningen
Gönningen
Boll
Stetten
Frommern
Schömberg
27
Aichelberg
A8
Holzmaden
Hauffmuseum
Dettingen u. T.
Linsenhofen
Metzingen
REUTLINGEN
Gomaringen
Mössingen
HECHINGEN
Bisingen
BALINGEN
KLEINER HEUBERG
Notzingen
Kirchheim u. T.
Frickenhausen
BAD SEBASTIANSWEILER
Dußlingen
Ostdorf
Rosenfeld
Eyach
NÜRTINGEN
297
Neckar
Neckartenzlingen
Neckartailfingen
Starzel
Bodelshausen
Hechingen
Haigerloch
Vöhringen
10
Wendlingen
Neckarhausen
B27
Bebenhausen
TÜBINGEN
Rottenburg
Plochingen
Neuhausen a. d. F.
Aich
SCHÖNBUCH
Bernhausen
Wurmlingen
BAD NIEDERNAU
BAD IMNAU
Mühlheim a. B.
Empfingen

Die Reisetour – die wichtigsten Sehenswürdigkeiten in einer Rundreise in Bildern

Entdeckungsreise durch die SCHWÄBISCHE ALB · The Schwäbisch Alb · Le Joura Souabe

Entdeckungsreise durch die

Schwäbische Alb

Osterbrunnen in Bad Überkingen

ZIETHEN-PANORAMA VERLAG

Hans Binder

Schwäbische Alb

Die Schwäbische Alb als das Herzstück Baden-Württembergs erstreckt sich in einer Länge von 180 Kilometern und einer Breite von bis zu 40 Kilometern als ein vielseitiges, reizvolles Mittelgebirge quer durch Süddeutschland. Die Landkarte zeigt uns, wie die Schwäbische Alb von Nordosten bei Nördlingen im „Ries" in südwestlicher Richtung zum Hochrhein bei Schaffhausen verläuft.

Wenn wir von der Filderebene beim Flughafen Stuttgart nach Süden auf die Schwäbische Alb zufahren, sehen wir den Albtrauf in der Ferne als eine „blaue Mauer" vor uns liegen, wie ihn der schwäbische Dichter Eduard Mörike in der Mitte des 19. Jahrhunderts genannt hat. Nach dem Überqueren des Neckars und der Annäherung an den Albaufstieg der Autobahn A 8 Ulm Richtung München wird dem Reisenden klar, dass diese blaue Mauer weder blau noch eine Mauer ist. Grüne Wälder bedecken die Hänge des Albtraufs, und zahlreiche Täler gliedern das von ferne so einheitlich wirkende Mittelgebirge. Das Albvorland mit seinen Streuobstwiesen, in denen schmucke Ortschaften liegen, hat mit den einzelnen Kegelbergen vor dem Albtrauf seinen besonderen Reiz. Diese Kegelberge künden davon, dass die Juraschichten der Schwäbischen Alb einst auch das heutige Vorland bedeckten. Durch Verwitterung fand über Jahrmillionen eine kontinuierliche Abtragung statt. Doch nicht alle Kegelberge vor dem Trauf der Mittleren Alb sind Zeugen der Abtragung. Es können sich darunter auch ehemalige Vulkanschlote befinden, denn vor 20 bis 16 Millionen Jahren war im Gebiet zwischen Kirchheim unter Teck und Bad Urach der Schwäbische Vulkan aktiv. Der nördlichste der ehemaligen Vulkanschlote liegt 23 Kilometer vom heutigen Albtrauf entfernt auf den Fildern, unweit des Flughafens Stuttgart. Brocken von Weißjuramergeln und -kalken sind im vulkanischen Material eingeschlossen. Sie beweisen, dass sich die Schwäbische Alb in je-

Schwäbische Alb

The Schwäbische Alb lies at the heart of Baden-Württemberg, a varied and attractive highland area 180 kilometres long and up to 40 kilometres wide, stretching right across Southern Germany. On the map it is easy to see how it extends from Nördlingen in the Northeast, southwestwards to the upper reaches of the Rhine near Schaffhausen.

As you approach the Schwäbische Alb travelling south from the plain around Stuttgart Airport, you see the Albtrauf as a "Blue Wall" in the distance ahead of you. This is how the Swabian poet Eduard Mörike described it in the middle of the 19th century. On crossing the Neckar and reaching the foothills by the A8, the autobahn to Ulm and Munich, you realise that this blue wall is in fact neither blue nor a wall. The slopes of the Albtrauf are covered with thick green forest, and innumerable valleys criss-cross the landscape that looked so uniform from the distance. The foothills with their fruit orchards, pretty villages and the occasional cone-shaped hill, have a special charm. The cones are an indication that the Jurassic layers of the Schwäbische Alb once covered the present approaches, too. Over the course of millions of years these were progressively eroded. But not all the cones to be found in the Trauf area before you get to the Central Alb are evidence of such erosion. Some of them are in fact extinct volcanoes, as 16 - to 20 million years ago there was volcanic activity in the area between Kirchheim unter Teck and Bad Urach. The northernmost of these former chimneys lies 23 kilometres from the present-day Albtrauf, not far from Stuttgart Airport. Chunks of White Jura marl and limestone are intercalated with the volcanic material. They are proof that the Schwäbische Alb in those bygone times extended right into this area. Another legacy from this period is the fact that the earth heated up faster in the area of the former volcanoes. Thus 30 years ago, thermal water was tapped in

Jura Souabe

Montagne moyenne du Sud de l'Allemagne, le Jura souabe (Schwäbische Alb), au cœur du Bade-Wurtemberg, s'étend sur une longueur de 180 km et possède une largeur maximum de 40 km. Sur la carte, on peut voir comment la montagne décrit une courbe depuis le nord-est, dans la plaine du Ries près de Nördlingen, jusqu'au sud-ouest où elle s'achève aux environs de Schaffhouse en Suisse.

En partant de la plaine des Filder, près de l'aéroport de Stuttgart, en direction du sud, la silhouette du Jura souabe, appelé l'Alb, se dresse au lointain, tel un « mur bleu », ainsi que le poète souabe Eduard Mörike décrivit la montagne au XIXe siècle. Après avoir traversé le Neckar et emprunté l'autoroute A 8 en direction d'Ulm - Munich, le voyageur réalise qu'il ne s'approche nullement d'un « mur bleu ». Il découvre des versants recouverts de forêts verdoyantes tandis que de nombreuses vallées entrecoupent l'image uniforme que donne la montagne vue de loin. La région qui s'étend devant le Jura souabe est très attrayante avec ses villages pittoresques nichés au milieu de prés et de vergers. Se dressant ça et là, des buttes-témoins rappellent que les couches jurassiques recouvraient autrefois toute cette région, avant que l'érosion ne fasse son travail au cours de millions d'années. Cependant, ces collines ne proviennent pas toutes de la montagne ancienne; certaines abritent d'anciennes cheminées volcaniques; en effet, il y a quelque 20 milions d'années, le volcan souabe grondait entre Kirchheim unter Teck et Bad Urach. La cheminée volcanique la plus au nord, s'élève à 23 km de la lisière de la montagne, sur les Filder qui s'étendent près de l'aéroport de Stuttgart. Intégrées aux roches volcaniques, des marnes calcaires dévoilent que le Jura souabe s'étendait jusqu'à cet endroit. Quant au volcan souabe, il rappelle son ancienne présence par le réchauffement rapide de la terre

nen fernen Zeiten bis in diese Gegend erstreckte. Ein weiteres Erbe, das der Schwäbische Vulkan hinterlassen hat, ist die schnellere Zunahme der Erdwärme im ehemaligen Vulkangebiet. Aus diesem Grund konnte seit etwa 30 Jahren in Bad Urach und in dem Dorf Beuren am Fuße der Burgruine Hohen Neuffen Thermalwasser gefördert werden.

Auf der Albhochfläche hat der Schwäbische Vulkan keine Kegelberge, sondern Mulden hinterlassen. Man nennt sie nach dem Vorbild der Eifel Vulkanmaare. Lange Zeit glaubte man, dass auch der Krater, in dem die Stadt Nördlingen liegt, vulkanischen Ursprungs sei. Seit 30 Jahren steht aber fest, dass der Krater mit einem Durchmesser von 26 Kilometern von einem Meteoriteneinschlag vor 15 Millionen Jahren verursacht wurde. Amerikanische und deutsche Geologen konnten dafür den Nachweis erbringen. Auch das in der Nähe von Heidenheim auf der Ostalb gelegene kleinere Steinheimer Becken ist als ein Meteorkrater aus derselben Zeit erkannt worden.

Im Wesentlichen besteht die Schwäbische Alb aus Kalkstein- und Mergelschichten. Sie wurden vor 205 bis 135 Millionen Jahren im Meer der Jurazeit abgelagert. In manchen Schichten haben sich Tiere und Pflanzen jener Zeit als Versteinerungen erhalten. Das Urwelt-Museum Hauff in Holzmaden, in der Nähe von Kirchheim unter Teck, ist für seine Fossilien weltberühmt.

Die Schwäbische Alb war zur Jurazeit noch mit Meerwasser bedeckt, das langsam abfloss, und seine Kalkablagerungen wurden zum Festland. Zu dieser Zeit wurde das heutige Süddeutschland von gewaltigen Kräften aus dem Erdinnern erfasst. Sie schoben von Süden her die Schichten der Alpen auf und falteten sie zum Hochgebirge. Diese ungeheure Beanspruchung führte zu Hebungen

Bad Urach and in the village of Beuren at the foot of the Hohen Neuffen castle ruins.

On the Alb plateau the volcanic activity has left hollows rather than cones. These are called maars, as in the Eifel. For a long time the crater in which the town of Nördlingen lies was believed to be of volcanic origin. But in the 1960s it was discovered that the crater, with a diameter of 26 kilometres, was in fact caused by a meteorite 15 million years ago. American and German geologists proved this beyond doubt. The smaller Steinheim Basin in the eastern Alb, near Heidenheim, is also a meteorite crater from the same period.

The Schwäbische Alb consists mainly of layers of limestone and marl. These were deposited 205-135 million years ago in the sea of the Jurassic period. Fossilised animals and plants from that period are preserved in the stone. The Holzmaden fossil museum Hauff Holzmaden, near Kirchheim unter Teck, is famous for its fossil exhibits worldwide.

In the Jurassic period, the Schwäbische Alb was still submerged under the sea. As the sea gradually dried out, limestone deposits created dry land. At that time the area which is now Southern Germany was in the grip of huge forces from the interior of the earth. In the south, rock strata were pushed and forced into what is now the alpine mountain range. The enormous pressures caused upheavals in the earth's crust of the Jurassic period, straining it and exerting diagonal force. Innumerable faults formed, as can be seen in any quarry. The rainwater followed these faults downwards. Close to the ground it absorbed carbonic acid and thus became weak acid. The limestone was partially discharged in caves as dripstone, or as calc-tufa in springs after the water exited from the rock. The results of this process, known as karstification, are impressive caves and

qui a produit les eaux thermales, découvertes il y a trente ans, à Bad Urach et dans le village de Beuren.

Le volcan souabe n'a pas laissé de cheminées, mis des cuvettes sur les hauts plateaux du Jura souabe. Pendant longtemps, on a également cru que la ville de Nördlingen était bâtie dans une cuvette d'origine volcanique, mais on sait depuis 30 ans, que le cratère, d'un diamètre de 26 km, a été provoqué par une météorite qui a dû s'abattre sur la terre, il y a 15 millions d'années. Le lieu-dit Steinheimer Becken, près de Heidenheim dans le Jura souabe oriental, a également les mêmes origines et date de formation.

Le Jura souabe est principalement formé de couches de calcaire et de marnes, sédiments que la mer qui recouvrait la région, déposa durant la période jurassique, il y a 205 à 135 millions d'années avant notre ère. Dans ces sols, on trouva une multitude de fossiles d'animaux et de plantes qui sont aujourd'hui exposés au musée Hauff dans Holzmaden près de Kirchheim unter Teck.

Après la disparition de la mer jurassique et la transformation de ses sédiments en terre ferme, la région actuelle du Sud de l'Allemagne subit les violences des entrailles de la terre. Le soulèvement du socle alpin entraîna le plissement et le démantèlement des couches jurassiques; de nombreuses crevasses se formèrent dans les énormes blocs de roches. C'est le long de ces crevasses que l'eau de pluie coule pour s'infiltrer dans la terre. S'étant chargée d'acide carbonique au niveau du sol, l'eau attaque et transporte le calcaire qui se transforme en stalactites et stalagmites dans les grottes, ou en travertin lorsqu'elle rejoint une source. C'est à ce phénomène naturel que le Jura souabe doit ses grottes et ses cascades splendides. Par contre, il est

und Zerrungen des Erdmantels der Jurazeit bei gleichzeitiger Schrägstellung. Dabei bildeten sich zahlreiche Klüfte, wie man in jedem Steinbruch sehen kann. Entlang dieser Klüfte nimmt das Regenwasser seinen Weg in die Tiefe. Es hat in der Bodenzone Kohlensäure aufgenommen und ist damit zur schwachen Säure geworden.

Der gelöste Kalk wird zum Teil in den Höhlen als Tropfstein oder nach dem Austritt des Wassers in Quellen als Kalktuff wieder ausgeschieden. Das Ergebnis dieses als „Verkarstung" bezeichneten Vorgangs sind sehenswerte Höhlen und stattliche Wasserfälle. Andererseits führt die Verkarstung zur Wasserarmut der Hochalb. Durch die seit 1870 aufgebaute Albwasserversorgung konnte sie behoben werden. In der Regel sind die tief eingeschnittenen Täler wasserreich. Es gibt jedoch auch einige Flüsse und Bäche, die in Wasserschwinden Verluste erleiden. Viel besucht wird die Donauversickerung bei Immendingen. Ihr Wasser tritt etwa zwölf Kilometer südlich im Aachtopf im Hegau wieder zu Tage.

Seit etwa 50.000 Jahren haben die Jäger und Sammler der Steinzeit die Höhlen der Schwäbischen Alb als Wohn- und Schlafstätten aufgesucht. Zahlreiche Funde daraus können in verschiedenen Museen des Landes besichtigt werden. Von den schon als Ackerbauern und Viehzüchter lebenden Menschen der ausgehenden Steinzeit, seit etwa 6.000 v. Chr., und der darauf folgenden Metallzeiten künden Grabhügel und Wallanlagen. Eindrucksvoll sind der Heidengraben unweit der Burgruine Hohen Neuffen und die Heuneburg im Donautal. Über die knapp zwei Jahrhunderte währende Besetzung der Alb und ihres nördlichen Vorlandes durch die Römer kann man sich an vielen Orten im Gelände und in Museen kundig machen. Der germanische Stamm der Alamannen, der die Römer um 260 n. Chr. vertrieb, nahm auch von der Schwäbischen Alb Besitz.

magnificent waterfalls. But karstification is also the cause of the lack of water in the upper areas of the Alb. Fortunately the development of a water-supply system from 1870 on has solved this problem. The water resurfaces again twelve kilometres to the south in the Hegau area.

There is a further geological event that shaped the landscape of the Schwäbische Alb. In the Tertiary Period, about 25 million years ago, a narrow sea inlet extended between the Schwäbische Alb and the Alps. It flooded the southern part of the Alb and levelled it. The soil quality is considerably better there than in the North, where, in many places, the rock is covered with only a thin layer of top soil, which gives rise to the saying "there was much stone and little bread".

About 50,000 years ago the hunters and gatherers of the Stone Age began to use the caves of the Schwäbische Alb as resting places. Countless objects found in them can be viewed in various museums dotted around the state. Tumuli and earthworks were left by the people at the end of the Stone Age about 6,000 BC (already living as farmers and cattle breeders), and those of the Iron and Bronze Ages. Impressive examples are the so-called "Heathen Graves" close to the ruins of Hohen Neuffen Castle and the Heuneburg in the Danube valley. The Roman occupation of the Alb and the northern foothills lasted about two centuries, a period well-documented in many museums, but also by artefacts on the ground. The Alemannians, the Germanic tribe that drove out the Romans, also occupied the Schwäbische Alb. After the subjugation of the Alemannians by the Franks around the end of the fifth century, the conversion to Christianity began. A large number of monasteries were founded. From the einghth century on, the tribal lords were no longer leaders elected by the peop-

également responsable de la pénurie d'eau permanente des hauts plateaux de l'Alb à laquelle on a remédié grâce à un système d'alimentation en eau construit en 1870. En général, les vallées profondément encaissées ont assez d'eau provenant de rivières et de ruisseaux. Cependant, ces cours d'eau disparaissent parfois soudain. Les eaux du Danube par exemple se perdent à Immendingen et réapparaissent 12 km plus loin, dans la source vauclusienne du Aachtopf en Hegau.

Un autre phénomène géologique a marqué le paysage du Jura souabe : à l'ère tertiaire, il y a 25 millions d'années, un étroit bras de mer s'étendait entre le Jura souabe et les Alpes. Il inonda la partie sud du Jura souabe et l'aplanit. Le sol de cette région est bien plus fertile que dans la partie nord où le sol rocheux n'est souvent recouvert que d'une mince couche de terre arable. De cette contrée, on dit qu'elle « apporte beaucoup de pierres, mais bien peu de pain».

Il y a environ 50 000 ans, à l'âge de la pierre, les grottes du Jura souabe étaient habitées par des hommes qui vivaient de la chasse et de la cueillette. De nombreuses trouvailles de ces temps sont exposées dans divers musées de la région. Des tumulus et enceintes en pierre rappellent la civilisation d'hommes qui pratiquaient la culture et l'élevage à la fin de l'âge de la pierre, il y a quelque 6 000 ans, et durant l'âge du bronze. D'impressionnants vestiges préhistoriques se dressent non loin du château en ruine de Hohen Neuffen et de la « Heuneburg » dans la vallée du Danube. De même, de nombreux endroits du Jura souabe témoignent de l'occupation romaine qui dura 200 ans. La tribu germanique des Alamans chassa les Romains vers 260 après Jésus-Christ et s'installa dans la région. A la fin du Ve siècle, les Alamans furent assujettis par les Francs qui introduisirent le christianisme dans

Nach der Unterwerfung der Alamannen durch die Franken gegen Ende des fünften Jahrhunderts setzte hierzulande die Christianisierung ein. Zahlreiche Klöster entstanden. Seit dem achten Jahrhundert waren die Stammesherzöge nicht mehr die von ihrem Volk gewählten Führer, sondern vom jeweiligen Frankenkönig eingesetzte Beamte. In der Folge bildeten sich viele größere und kleinere Herrschaften heraus.

Neben dem Herzogtum Württemberg entstanden Grafschaften, ritterschaftliche Gebiete und Freie Reichsstädte. Zu Vorderösterreich gehörten beträchtliche Ländereien im deutschen Südwesten. Auch die Klöster herrschten zum Teil über eine größere Anzahl von Ortschaften. Diese Vielfalt der Herrschaften blieb so bis 1806, dem Ende des Heiligen Römischen Reiches. Erst zu Beginn des 19. Jahrhunderts erfolgte die Zusammenfassung zum damaligen Königreich Württemberg. Lediglich die hohenzollernschen Fürstentümer blieben selbstständig. 1849 traten aber die beiden Fürsten ihre Länder an Preußen ab. So kam es, dass die Hohenzollerschen Lande erst unter der französischen Besatzungsmacht nach dem Zweiten Weltkrieg mit Württemberg vereinigt wurden.

Noch bis vor 200 Jahren zogen vorwiegend die Handwerksburschen und fliegenden Händler über die Schwäbische Alb. Die Menschen waren damals sesshaft und mussten fürs tägliche Brot schwer arbeiten. Eine Landschaft nur zum Vergnügen, geschweige denn zur Erholung zu erwandern, das kannte man nicht. Ein Wandel in der Einstellung zur Natur kam erst mit der Romantik im 19. Jahrhundert auf. Der Schriftsteller Gustav Schwab stellte seinen Zeitgenossen die Schönheiten der Schwäbischen Alb schon in seinem 1823 erschienenen Naturführer „Die Neckarseite der Schwäbischen Alb" vor. Zwei Jahrzehnte später gründeten Heimatfreunde in verschiedenen Städten „Verschönerungsvereine".

le, but officials appointed by the ruling Franconian king. As time went by, countless estates, both large and small, gradually grew up – alongside the duchy of Württemberg, counties, knightly estates and free imperial towns. Extensive landed property in the southwest of Germany belonged to Austria. The monasteries also often ruled over a large number of places. This wide range of territories remained until the end of the Holy Roman Empire in 1806.

It is still possible today to unravel the network of tenures, the size of the farm or estate, everyday customs and festivals being key clues. The Alemannian carnival, "Fasnet", lives on, but only in Catholic parishes. It was not until the early 19th century that the Kingdom of Württemberg was consolidated. Only the Hohenzollern princedoms remained independent. In 1849, however, both princes ceded their lands to Prussia. So it was only under French occupation after the end of the Second World War that the Hohenzollern Lands were united with Württemberg, at last.

Up to 200 years ago, it was mainly journeymen and peddlars who wandered from place to place across the Schwäbische Alb. People in those days were very settled and sedentary and had to work hard for their daily bread. A region used for pleasure, or hiked through just for relaxation was something unknown. A change in people's attitudes to nature did not evolve until the coming of Romanticism. The writer Gustav Schwab introduced his contemporaries to the beauties of the Schwäbische Alb in his guide "The Neckar side of the Schwäbische Alb", published in 1823. Two decades later, local societies were founded in various towns, devoted to the care and improvement of local amenities. In 1888 representatives of these associations founded the Schwäbischer Alb Association, which to this day has remained the German hiking association with the

l'Alb et fondèrent de nombreux monastères. A partir du VIIIe siècle, les chefs des communautés n'étaient plus choisis par le peuple, mais désignés par les rois francs dont ils étaient vassaux. Cela entraîna la naissance de lignées nobles plus ou moins importantes. Outre le duché de Wurtemberg, se créèent des comtés, des baronnies et des villes livres impériales. L' Autriche possédait de vastes domaines dans le Sud-Ouest allemand.

Un grand nombre de communes étaient également la propriété de monastères. Cette diversité féodale demeura jusqu'à la fin du Saint-Empire en 1806. La Réforme qui advint au XVIe siècle ne fut pas appliquée dans toutes les régions, et jusqu'aujourd'hui, on peut déterminer les diverses appartenances aux anciennes maisons nobles dans l'importance des fermes, dans les coutumes et dans les jours de fêtes. Par exemple, certaines fêtes ne sont célébrées que dans les communes catholiques. Au début du XIXe siècle, le Wurtemberg devint un royaume à part entière tandis que la principauté de Hohenzollern conservait son autonomie. Ils restèrent indépendants jusqu'à ce que leurs princes cèdent la souveraineté à la Prusse en 1849. Les deux anciens Etats allaient être définitivement réunis sous l'occupation française, après la seconde guerre mondiale.

Il y a encore 200 ans, les compagnons et les marchands ambulants étaient les seuls, parmi le petit peuple, à se déplacer de région en région. Les gens étaient alors sédentaires et devaient travailler dur pour gagner leur pain quotidien. La nature n'était pas là pour être admirée et encore moins pour s'y détendre ou s'y promener. Cependant, cette conception commença à changer à l'époque du romantisme. L'écrivain Gustav Schwab dévoila à ses contemporains les beautés du Jura souabe dans un guide paru en 1823. Deux décennies plus tard, des « sociétés d'embellissement du terroir » étaient

Die Vertreter dieser Vereine fanden sich 1888 zusammen, um den Schwäbischen Albverein zu gründen, der bis in unsere Tage der mitgliederstärkste europäische Wanderverein ist. Als seine Aufgabe nannte der damalige Vorsitzende: „Weg und Steg ebnen, die Geschichte von Land und Leuten sowie die Geheimnisse von Geologie und Botanik bekannt zu machen, die Freude am Wandern zu hegen und zu pflegen." Der Verein fand alsbald großen Zulauf. Den Bemühungen des Schwäbischen Albvereins ist es zu verdanken, dass die Schwäbische Alb als eines der schönsten Wandergebiete Deutschlands bekannt wurde und viele Freunde gewonnen hat. In unserer Zeit geht es nun darum, den Folgen der wirtschaftlichen Veränderungen, die sich auf die Landschaft auszuwirken beginnen, entgegenzutreten. Es wird angestrebt, den Lebensraum der Bewohner und den Erholungswert der Schwäbischen Alb zu erhalten und somit einen Naturpark zu schaffen.

Die Zeiten sind vergangen, in denen man statt von der Schwäbischen Alb von der „Rauhen Alb" sprach. Manche Gegenden verspottete man gar als „Schwäbisch Sibirien". Nun wird niemand leugnen wollen, dass es auf der Alb etwas kälter ist als in ihrem Vorland. Es ist jedoch nicht kälter als in vergleichbaren deutschen Mittelgebirgen. Darum wird der Kenner jenem preußischen General zustimmen, der vor 100 Jahren einige Zeit auf dem Truppenübungsplatz Münsingen zugebracht hat. Im Gästebuch seines Hotels hinterließ er den Vers:

„Anfangs trauten wir nur halb
Deinen Reizen, Rauhe Alb.
Reuig rufen wir beim Gehen:
Rauhe Alb, auf Wiedersehen!"

largest numbers of members. The then chairman formulated the association's aims in these terms: making and grading paths and footbridges, making known the history of the region and its people as well as the secrets of its geology and botany, and the cultivation of the joy of hiking. The association soon became very popular, and it is thanks to Schwäbischer Albverein that Schwäbische Alb became widely known as one of the finest hiking areas in Germany and acquired so many friends. Today it is devoted to withstanding the adverse effects of economic change on the agricultural way of life. The association aims to preserve the landscape as a place where people live and gain their livelihood, and as a place of relaxation. It hopes to thus establish a nature reserves.

Long gone are the times when the Schwäbische Alb was referred to as bleak. Some parts were even ridiculed as "Swabian Siberia". Though nobody would deny that it is somewhat colder up on the Alb than down below. But it is not colder than in other upland areas, so experts will agree with that Prussian general who spent some time on the Münsingen training area 100 years ago. In the visitors' book at his hotel he wrote a verse that went roughly like this:

"At the beginning we only half trusted
your charm, bleak Alb.
Contrite, as we prepare to leave,
we cry: farewell, bleak Alb,
see you soon."

créées dans plusieurs villes de la région. Des représentants de ces sociétés se réunirent en 1888 pour fonder le « Schwäbischer Albverein » (association de l'Alb souabe) qui jusqu'aujourd'hui, est la plus importante amicale de randonneurs d'Europe. Son président de l'époque définit ainsi sa tâche : « Entretenir les chemins, faire connaître l'histoire du pays et de ses habitants ainsi que les secrets de la géologie et de la botanique, cultiver le plaisir des randonnées ». L'association eut bientôt un énorme succès et c'est grâce à elle que le Jura souabe acquit la réputation d'être l'une des plus belles régions de randonnées d'Allemagne. A l'heure actuelle, il s'agit surtout de lutter contre les changements que le progrès économique commence à faire subir à l'environnement. L'objectif est de préserver la nature et l'espace vital des habitants du Jura souabe. La création de parcs protégés est en projet dans différentes contrées.

Il y a longtemps qu'on ne qualifie plus le Jura souabe de « pays âpre », sinon de « Sibérie souabe ». Il est vrai que le climat est assez rude sur ses hauts plateaux, mais il n'est pas plus rigoureux que dans les autres montagnes moyennes d'Allemagne. Aussi, le connaisseur de ce terroir ne pourra-t-il qu'approuver ce général prussien qui, il y a cent ans, passa quelque temps à Münsingen et laissa ces vers dans le livre d'or de son hôtel :

« A l'arrivée, nous étions méfiants
de ta beauté âpre, Alb souabe
Mais au départ, nous affirmons,
pleins de contrition
A très bientôt, Alb sauvage. »

Das 1.200 Jahre alte Esslingen wurde schon 1219 zur Stadt erhoben, als Stuttgart noch gar nicht existierte. Obwohl Esslingen heute viel Industrie und über 90.000 Einwohner hat, strahlt es noch viel von Gemütlichkeit, Glanz und Schönheit der einst mächtigen Freien Reichsstadt aus. Vor den Weinbergen an der Burg oberhalb des Marktplatzes liegt der alte Stadtkern direkt zu ihren Füßen. Das Alte Rathaus besitzt einen Glockenturm mit 29 Glocken und astronomischer Uhr, erbaut 1586 bis 1589.

Esslingen received its town charter in 1219, before Stuttgart ever existed. now an industrial town with over 90.000 inhabitants, Esslingen still radiates much of the atmosphere of its illustroius past, for it was once a powerful free Imperial City. Looking down from the castle vineyards above the market square, the Old Town lies directly below. The Old Town Hall, in the centre the asymmetrical towers of St Dionys Church and in the background the far bank of the Neckar with the district of Zollberg.

Esslingen, vieille de 1 200 ans était déjà ville libre alors que Stuttgart n'existait pas encore en 1219. La vieille ville s'étend directement aux pieds des vignobles situés près du fort, juste au dessus de la place du marché. Durant une promenade dans le coer médiéval de la ville, le visiteur rencontrera un pont à arches avec une chapelle, d'anciennes tours-portes et des places sur lesquelles débouchent des ruelles étroites. Au marché du port, là où les potiers vendaient autrefois leurs travaux, de nouveaux édifices se fondent harmonieusement avec les plus vieilles demeures de la ville.

Tübingens historischer Stadtkern zieht sich über einen Höhenzug zwischen zwei Flüssen. Ein Gewirr von Gassen und Winkeln mit zahlreichen Fachwerkhäusern durchzieht die Altstadt, über der das Renaissanceschloss Hohentübingen thront. Von der Neckarbrücke aus bietet Tübingen sein eindrucksvollstes Panorama mit Schloss, Hölderlinturm und gotischer Stiftskirche. – Eines der schönsten Gebäude der Stadt ist das Renaissance-Rathaus am dreieckigen Marktplatz mit astronomischer Uhr und Sgraffitomalereien. Davor steht der figurenreiche Neptunbrunnen von 1617.

Tübingen's historic town centre extends across a ridge between two rivers. The Old Town is criss-crossed by a warren of lanes and alleyways with a large number of timbered buildings, above all of them the Renaissance Palace Hohentübingen. The best panoramic view of the town with castle, Hölderlin Tower and Gothic Collegiate Church you have from the Neckar bridge. – One of the town's finest buildings is the Renaissance town hall on the triangular market square with its astronomical clock and sgraffito paintings. In front of it stands the 1617 Neptune Fountain with its sculpted figures.

Le cœur historique de Tübingen s'étend sur une hauteur entre deux rivières. Un fouillis de ruelles tortueuses bordées de maisons à pans de bois est couronné par le château Renaissance de Hohentübingen. C'est depuis le pont du Neckar qu'on découvre le plus beau panorama de la ville avec le château, la Tour d'Hölderlin et la Stiftskirche, église de style gothique. – Situé sur la place triangulaire, l'hôtel de ville Renaissance à la façade ornée d'une horloge astronomique et de peintures, est un des plus beaux édifices de la cité. Devant, se dresse la fontaine de Neptune, aux superbes sculptures.

Blick zur Achalm (706 m) auf das Echaztal mit Reutlingen

View to the Achalm (706 metres) to Echaztal and Reutlingen · Vue dans l'Achalm (706 m) sur la vallée de l'Echaz avec Reutlingen

Im Zentrum der Gewerbestadt Reutlingen bezaubern historische Straßenzüge mit schönen Fachwerkhäusern, kunstvollen Brunnen und einem mittelalterlichen Stadttor. Das Spital am Marktplatz stammt ursprünglich aus dem 13. Jh. und wurde später mehrfach um- und ausgebaut. Die Marienkirche mit ihrem 73 Meter hohen Turm und der Rosette erinnert an das Straßburger Münster und zählt zu den schönsten Schöpfungen der schwäbischen Hochgotik. Über der Stadt erhebt sich der Bergkegel Achalm mit Aussichtsturm. In Reutlingen lebte von 1909 bis 1981 der berühmte Holzschneider Grieshaber.

The centre of the bustling commercial town of Reutlingen has charming historical streets with fine timbered buildings, fountains and a medieval town gate. The almshouse on the market square originally dates back to the 13th century, with several subsequent alterations. The Church of St Mary with its 73-metre-tall tower and rosette bears some resemblance to Strasbourg Cathedral. It is one of the finest architectural works of art of the Swabian High-Gothic period. The Achalm high up above the town has an observation tower offering some fine views. Reutlingen was home to the famous wood sculptor Grieshaber (1909-1981).

Dans le centre de la ville industrielle de Reutlingen, on découvre quelques rues historiques pittoresques. L'hospice sur la place du marché fut fondé au XIIIe siècle, mais transformé et agrandi plusieurs fois à différentes époques. L'église Sainte-Marie à la tour de 73 mètres ornée d'une rosette, rappelle la cathédrale de Strasbourg et compte parmi les plus beaux édifices de style gothique tardif de la Souabe. Dominant la ville se dresse l'Achalm, une butte isolée couronnée d'une tour panoramique. Le célèbre sculpteur Grieshaber (1909-1981) vécut à Reutlingen.

Auch Schloss Lichtenstein, das sich auf einer steilen Felsnadel erhebt, ist zum Wahrzeichen der Schwäbischen Alb geworden. Ebenso ist es wie Burg Hohenzollern eine Schöpfung der Romantik des 19. Jahrhunderts. Angeregt von Wilhelm Hauffs historischem Roman „Lichtenstein" ließ Herzog von Urach es auf älteren Untergeschossen erbauen. Bei Führungen werden Waffenhalle mit Ritterrüstungen, die rustikale Trinkstube, der stilvoll eingerichtete Rittersaal und der Königssaal besichtigt. Künstlerisch bedeutend sind die Glasmalereien in der Schlosskapelle sowie ein großer Altarflügel des unbekannten Meisters von Lichtenstein.

Like Hohenzollern Castle, Lichtenstein Castle, situated on a steep pinnacle, is a creation of the romantic period of the 19th century. The castle has become one of Schwäbisch Albs key landmarks. Inspired by Wilhelm Hauff's historical novel "Lichtenstein" the Duke of Urach had it built on foundations of an older building. Guided tours include the hall of arms with its suits of armour, the rustic tavern room, the elegantly decorated Knights' Hall and the Royal Hall. The glass painting in the castle chapel is of artistic merit, as well as a large wing on the altar by an unknown master.

Juché sur un piton rocheux, le château de Lichtenstein est à l'instar du Hohenzollern une création de l'époque du romantisme au XIXe siècle. Inspiré par le roman historique « Lichtenstein » de Wilhelm Hauff, le duc d'Urach le fit construire sur des fondations anciennes. La visite conduit à la salle d'armes qui abrite une collection d'armures, à la salle des chevaliers à l'aménagement superbe, à la salle royale et à l'ancienne taverne rustique. Les vitraux et le grand panneau de l'autel de la chapelle du château, dus à un maître de Lichenstein inconnu, sont deux très belles Schwäbische Alb uvres d'art.

Zu Besuchermagneten haben sich zwei gewaltige Tropfsteinhöhlen bei Sonnenbühl in der Nähe von Schloss Lichtenstein entwickelt: die Nebelhöhle und die Bärenhöhle beim Ortsteil Erpfingen. In diesem 271 Meter langen Höhlensystem wurden Dutzende bis zu 20.000 Jahre alte Bärenskelette gefunden. Offensichtlich handelte es sich um einen Sterbeplatz der damals hier lebenden mächtigen Albbewohner. Der vordere Teil der Höhle war schon seit 1837 bekannt, der hintere Teil mit den Bärenskeletten wurde erst 1949 entdeckt.

Two huge stalactite caverns in the vicinity of Sonnenbühl, not far from Lichtenstein Castle, attract large numbers of visitors: the Fog Cavern and the Bears Cavern near Erpfingen. Dozens of bear skeletons, up to 20,000 years old, have been discovered in this system of caves, 271 metres long. It was obviously a place where the great creatures who once populated the region came to die. The front part of the cave system was discovered in 1837, but the rear section with the skletons was not found until 1949.

Deux grottes de stalactites découvertes près de Sonnenbühl, à proximité du château de Lichtenstein, sont devenues une importante attraction touristique: la Nebelhöhle et la Bärenhöhle près du village d'Erpfingen. Des douzaines de squelettes d'ours, vieux de quelque 20 000 ans, ont été trouvés dans l'enfilade de grottes, qui s'étire sur 271 mètres. La partie antérieure de la grotte était connue dès 1837; mais la partie plus éloignée contenant les squelettes, ne fut découverte qu'en 1949.

HASENHÄUSLESBERG mit Blick auf Donnstetten

Hasenhäuslesberg with a view of Donnstetten · Hasenhäuslesberg vue sur Donnstetten

Der Hasenhäuslesberg ist Teil der Umrandung eines tertiären Vulkanmaares, in dem Römerstein-Donnstetten liegt. Römische Gebäudereste wurden im Maarkessel entdeckt – ein kleines Kastell auf dem Hasenhäuslesberg. Es wurde als Teil des Alblimes nach 74 n. Chr. angelegt, als es unter Kaiser Vespasian nötig wurde, die Verbindung zwischen den Provinzen Obergermanien am Oberrhein und Rätien im Alpenvorland abzukürzen (s. auch S. 61). Damals rückten die Truppenteile von der Donau nach Norden auf die Alb vor, wo an vielen Stellen Kastelle errichtet wurden.

The Hasenhäuslesberg is part of the rim of a Tertiary volcanic maar in which Römerstein-Donnstetten lies. Roman remains have been found in Maarkessel, a small fort on the Hasenhäuslesberg. It was built after 74 AD as part of the Alb limes when Emperor Vespasian deemed it necessary to shorten the connection between the provinces of Upper Germania on the upper reaches of the Rhine and Rhaetia on the Alpine foothills (look also p. 61). Troops stationed at the time on the Danube advanced northwards towards the Alb and forts were built at all suitable crossing points.

Le Hasenhäuslesberg est un vestige de la paroi d'un cratère volcanique de l'ère tertiaire dans lequel se niche la petite ville de Römerstein-Donnstetten. Les ruines d'un castel romain se dressent sur le Hasenhäuslesberg. Ce castel faisait partie du Limes souabe , la ligne fortifiée édifiée à partir de 74 ap. J.-C. durant le règne de l'empereur Vespasien, pour raccourcir la liaison entre les provinces romaines de la Haute-Germanie et celles des préalpes (voir aussi p. 61). Pour remonter vers le Nord, les légions romaines stationées le Danube traversaient le Jura souabe.

RÖMERSTEIN-ZAININGEN liegt auf über 800 Metern auf den Hochflächen der Schwäbischen Alb

Römerstein-Zainingen, at an altitude of over 800 metres on an plateau · Römerstein-Zainingen, à plus de 800 mètres d'altitude sur un plateaux

Vor Einführung der Albwasserversorgung ab 1870 waren die Ortschaften der Hochalb auf das in Zisternen gesammelte, von den Strohdächern ablaufende Regenwasser als Trink- und Kochwasser angewiesen. Bei anhaltender Trockenheit musste mit Pferdefuhrwerken Wasser in Fässern aus den Tälern geholt werden. Zur Viehtränke, als Pferdeschwemme und für Feuerlöschzwecke sammelte man das Wasser in „Hülen". Eine der wenigen erhaltenen Hülen ist die von Römerstein-Zainingen, in einem tertiären Vulkanmaar gelegen und heute als Schmuckstück gepflegt.

Before the Alb watersupply system was introduced from 1870 on, the villages in the uplands were dependent for their drinking water on what drained off the thatched roofs and was stored in wells. In extended periods of drought, water had to be fetched from the valleys in casks by horse and cart. Water was collected in so-called "Hülen" to water the cattle and for fire-fighting. One of the few Hülen still remaining is the one in Römerstein-Zainingen, which is situated in a tertiary volcanic maar. It is now preserved for posterity.

Avant la construction en 1870, d'un système d'alimentation en eau, les habitants des villages montagnards de l'Alb avaient pour toute eau potable l'eau de pluie qu'ils recueillaient dans des citernes. Quand les périodes de sécheresse duraient trop longtemps, il leur fallait descendre dans la vallée et aller chercher de l'eau qu'ils remontaient dans des tonneaux transportés sur des charrettes tirées par des chevaux. Pour abreuver les animaux et éteindre les incendies, ils se servaient de l'eau recueillie dans de grandes mares.

KIRRTAL bei Böhringen

Kirr valley near Böhringen · La vallée de Kirr près de Böhringen

Der Winter zaubert stimmungsvolle Bilder auf der Schwäbischen Alb; hier ein Blick über das Kirrtal auf Römerstein-Böhringen. — Rechts im Bild sieht man das verschneite Gelände beim Rasthaus der Laichinger Tiefenhöhle. Anfang des 20. Jahrhundert entdeckten Skifahrer die Schwäbische Alb für ihren Sport. Noch immer ist sie ein beliebtes Langlaufgebiet. Nach dem Zweiten Weltkrieg wurden an waldfreien Nordhängen Pisten für den Abfahrtslauf mit Skiliften und großen Parkplätzen für Autos angelegt. Flutlicht erhellt diese Sportanlagen bis tief in die Nacht.

Winter creates magical images on the Schwäbische Alb. Here you see the view across the Kirr valley towards Römerstein-Boehringen. — The recreation area around Laichinger cave in the snow. You see on the right at the beginning of the 20th century, skiers discovered the Schwäbische Alb. It has remained a popular cross-country skiing area ever since. After the Second World War pistes for downhill skiing were made on unforested north-facing slopes, with lifts and large car parks. Some of the pistes are floodlit until late at night.

Les hivers sont souvent longs et rudes dans le Jura souabe, notamment sur les hauts plateaux. Mais en compensation, la nature offre de véritables paysages de cartes postales. Dans la vallée enneigée de Kirrtal, une petite route mène au village pittoresque de Römerstein-Böhringen. — Les arbres croulent sous la neige dans la campagne qui entoure les grottes dites Tiefenhöhle, près de Laichingen. Par beau temps, une foule nombreuse afflue à cet endroit qui a été aménagé en aire de loisirs.

Um 1329 entstand die mittelalterliche Höhenburg durch Ritter Ernst Walter von Stadion. Nachdem die Burg an verschiedene Besitzern übergegangen war, brannte sie 1884 aus und wurde nicht wieder aufgebaut. — Auf einem Felssporn in 655 Metern Höhe trohnt Burg Derneck bei Münzdorf. Die Burg von 1350 wurde durch eine Schildmauer und Zwingermauer mit Wehrturm gegen Angriffe geschützt. Heute ist hier ein Wanderheim des Schwäbischen Albvereins untergebracht und müde Wandersleut laben sich zünftig in der Burgschänke.

The medieval hilltop castle was built by knight Ernst Walter von Stadion in 1329. It changed owners several times before it burned down in 1884. It was never rebuilt. — Derneck castle near Münzdorf is enthroned on a 655-metre-high rocky promontory. Built in 1350, it was encircled by a shield wall and an outer ward with a fortified tower, as protection against potential invaders. Today it serves as a ramblers' hostel of the Swabian Alb Society. Weary hikers can enjoy hearty refreshments in the castle tavern.

Le chevalier Ernst Walter von Stadion fit bâtir la forteresse médiévale vers 1329. Après avoir eu divers propriétaires et été détruit par un incendie en 1884, le château ne fut plus reconstruit. — Situé près de Münzdorf, le château de Derneck trône à 655 mètres sur un éperon rocheux. Bâti en 1350, il fut protégé contre d'éventuels assaillants par un donjon et une enceinte fortifiée. La partie restaurée du château abrite aujourd'hui un gîte de l'association du Jura souabe et une auberge où les randonneurs fatigués peuvent se restaurer.

△ Märzenbecher ▽ Frühlingsenzian △ Trollblume/Goldköpfchen △ Märzenbecher ▽ Küchenschelle

▽ Weiße Seerose △ Knabenkraut ▽ Gelber Enzian ▽ Silberdistel

Die Gütersteiner Wasserfälle bei Bad Urach teilen sich in eine Reihe von Kaskaden auf. Man kann sich nur schwer vorstellen, dass an dieser Stelle einst eine Kartause stand, die nach der Landesteilung von 1442 sogar die Grablege der Uracher Linie der Grafen von Württemberg war. Nach der Reformation wurde die Kartause aufgelöst und die Grablege in die Tübinger Stiftskirche verlegt. Der Fohlenhof im Tal wurde 1554 errichtet. Das 1715 an den Wasserfällen erbaute Pumpwerk für das oberhalb gelegene Gestüt St. Johann wurde zum Vorbild der Albwasserversorgung.

The Güterstein waterfalls near Bad Urach are made up of a series of cascades. It is hard to believe that there was once a charterhouse here, which in fact became the burial place of the Urach line of the Counts of Württemberg after the state was divided in 1442. After the Reformation the charterhouse was dissolved and the burial place transferred to the collegiate church in Tübingen. The foals building in the valley was erected in 1554. The pumping station was built by the waterfalls in 1715 to serve the St Johann stud situated above.

La chute d'eau de Gütersteiner, près de Bad Urach, ruisselle en plusieurs cascades. On ne peut guère s'imaginer qu'une chartreuse se dressait à cet endroit. Après la division du pays en 1442, elle abrita même les tombeaux des comtes de Urach, une branche de la lignée des comtes de Wurtemberg. La chartreuse fut dissoute après la Réforme et les tombeaux transférés dans l'église collégiale de Tübingen. Le haras de poulains, dans la vallée, fut construit en 1554. La pompe à eau érigée en 1715 près de la cascade pour alimenter le haras Saint Johann situé au-dessus.

Luftkurort und Heilbad BAD URACH, spätmittelalterliches Residenzschloss Urach
The climatic health resort and spa town of Bad Urach · Station climatique et thermale de Bad Urach

BAD URACH, Heimatfest Schäferlauf

Bad Urach, traditional Shepherds' Race Festival · Bad Urach, fête folklorique du Schäferlauf

Das stattliche Schloss in Bad Urach wurde 1443 nach der Landesteilung als Residenz errichtet. Es dient heute für festliche Veranstaltungen und beherbergt Museen. Unweit des Schlosses steht die von Baumeister Peter von Koblenz begonnene spätgotische Amanduskirche. Im Mönchshof daneben befand sich bis 1977 für anderthalb Jahrhunderte eines der Seminare zur Vorbereitung auf das Theologiestudium im Tübinger Stift. 1970 wurde die 61Grad heiße Thermalquelle erschlossen und der Kur- und Badebetrieb begann. Alle zwei Jahre findet der traditionelle Uracher Schäferlauf statt.

The magnificent castle in Bad Urach was built as a court seat in 1443 after the division of the state. Today it is used for ceremonial occasions and houses museums. Not far from the castle lies the late-Gothic Amandus Church, begun by Masterbuilder Peter von Koblenz. For one and a half centuries up to 1977 the monks' building next to it housed one of the seminaries that prepared novices for their theological studies in Tübingen. After thermal springs were tapped in 1970, the town became an official spa. Urach Shepherds' Race is a picturesque spectacle every other year .

Le château de Bad Urach fut érigé en 1443 comme résidence des comtes de Urach après la division du pays. Aujourd'hui, il abrite une salle des fêtes et un musée. Derrière le château, se dresse l'église de style gothique tardif, commencée par le maître d'œuvre le Constructeur Peter von Coblence. Le Mönchshof (maison des moines) avoisinant fut pendant un siècle et demi, jusqu'en 1977, un séminaire qui préparait aux études de théologie de la collégiale de Tübingen. A Bad Urach qui est officiellement une ville thermale depuis 1970, se déroule tous les deux ans la fête des Bergers.

URACHER WASSERFALL

Urach Waterfalls • La cascade dite « Uracher Wasserfall »

Die Quelle, die den Uracher Wasserfall speist, entspringt an einer Schichtgrenze im Weißen Jura. Im Lauf der Zeit hat sich eine gewaltige Kalktuffbarre, die „Hochwiese", aufgebaut, über die der Bach 30 Meter tief hinabstürzt. Das zerstiebende Wasser setzt Kalzitkristalle frei, die sich an den Moosen und Farnen festsetzen. Als seinen „geistigen Vater" ehrte der Schwäbische Albverein durch einen Gedenkstein auf der Hochwiese den Schriftsteller Gustav Schwab, der 1823 als erster zu Albwanderungen aufgerufen hatte.

The spring that feeds the Urach waterfalls rises from the edge of a stratum of White Jura. In the course of time, a huge calctufa barrier, the so-called "High Meadow", has accumulated, over which the stream tumbles down 30 metres. The spray releases calcite crystals which get trapped in the moss and ferns. On Hochwiese, Schwäbischer Alb Association put up a memorial to its "spiritual father", Gustav Schwab, who was the first to encourage hiking on the Alb, as early as 1823.

La source qui alimente la cascade dite « Uracher Wasserfall », jaillit d'une couche de calcaire jurassique. Au cours des années, s'est formée une immense paroi en tuf appelée « Hochwiese », sur laquelle l'eau ruisselle sur 30 mètres de profondeur en déposant des cristaux de calcite sur la mousse et les fougères. L'association de l'Alb souabe a posé une plaque commémorative sur la Hochwiese en hommage à son « père spirituel », l'écrivain Gustav Schwab qui, en 1823, fut le premier à décrire les beautés de la région et à inciter à sa découverte.

Dettingen an der Erms ist eine der ältesten Siedlungen im Ermstal und war lange Zeit der bedeutendste Ort der ganzen Gegend. In weitem Umkreis gehörten die Ortschaften zu seinem Kirchsprengel. Für das 11. Jahrhundert ist in der Kirche die Grablege der Grafen von Achalm bezeugt. Vermutlich stammen aus diesem Geschlecht auch die Grafen von Urach. 1263 fiel Dettingen mit der Grafschaft Urach an Württemberg. Es entwickelte sich zu einer der industrie- und gewerbereichsten Gemeinden des gesamten Kreises Reutlingen.

Dettingen on the Erms is one of the earliest settlements in the Erms valley, and for a long time was the most important place in the whole region. Places round about far and wide were part of the parish. In the church you find the burial place of the Counts of Achalm (11th century). The Counts of Urach were probably descendants of this dynasty. In 1263 Dettingen and the county of Urach became part of Württemberg. It developed into one of the busiest trading and industrial communities in the district of Reutlingen.

Dettingen sur l'Erms est une des plus anciennes agglomérations de la vallée d'Ermstal et en fut la commune la plus importante pendant longtemps. Les villages des environs étaient tous rattachés à cette paroisse. Son église date du XIe siècle, ainsi qu'en témoignent les tombeaux des comtes d'Achalm dont descend certainement la ligne des comtes d'Urach. Dettingen fut rattachée en même temps que le comté de Urach au Wurtemberg en 1263. Au fil du temps, la ville s'est développée en un centre industriel et artisanal prospère du district de Reutlingen.

Die Falkensteiner Höhle bei Grabenstetten/Bad Urach, eine aktive Wasserhöhle

Falkensteiner Cave near Grabenstetten/Bad Urach - an active water cave · Grottes de Falkensteiner près de Grabenstetten/Bad Urach, une grotte où coule un ruisseau

Die Falkensteiner Höhle bei Bad Urach ist wohl die bekannteste unter den Höhlen der Alb, die keine Schauhöhlen sind. Ihr mächtiges Portal öffnet sich in einer Schlucht, durch die ein Wanderweg führt. Meist versickert der Höhlenbach, die Elsach, innerhalb der Höhle und tritt in einer Quelle am Hang aus. Bei Hochwasser strömen gewaltige Wassermassen aus dem Portal. — Die Weinberge und die auf einem Platz in der Stadt Metzingen beisammen stehenden sieben Keltern erinnern an die einstige Bedeutung der Stadt als Weinbaugebiet.

Falkensteiner Cave near Bad Urach is one of the most well-known Alb caves not generally accessible to visitors. Its splendid opening is in a gorge that is part of a popular hiking trail. Most of the Elsach stream seeps away inside the cave and re-emerges in a spring on the hillside. In times of flood, however, huge torrents of water surge out of the opening. — The vineyards and the seven presses on a square in the town of Metzingen are a reminder of its former importance as a wine growing community.

La « Falkensteiner Höhle » près de Bad Urach est sans aucun doute la grotte non-aménagée, la plus connue du Jura souabe. Son entrée impressionnante s'ouvre sur un ravin qu'emprunte un chemin de randonnée très fréquenté. Un ruisseau, l'Elsach, coule sous terre à travers la grotte pour réapparaître sur un versant où il se jette dans une source. — Les vignobles qui entourent la commune, et les sept pressoirs exposés sur une de ses places, témoignent de l'ancienne importance vinicole de Metzingen.

Blick vom Hohen Neuffen auf Beuren und das Albvorland

View from Hohen Neuffen to Beuren and the Alb foothills · Vue depuis le Hohen Neuffen sur beuren et les contreforts du Jura souabe

Als eine der größten Festungsruinen Deutschlands sticht der Hohen Neuffen schon von Ferne ins Auge. Von hier aus reicht der Blick weit über das Neckarland zum Schwarzwald und zur Kette des Albrandes, wo rechts oben die Burg Teck mit ihrem spitzen Türmchen erkennbar ist. Die vor 1140 gegründete Burg Hohen Neuffen wurde im 16. Jahrhundert als gewaltiges Bollwerk mit Verteidigungsringen, Kasematten und Geschützplattformen ausgebaut. Sie wurde nie im Kampf zerstört, sondern verfiel im Laufe der Jahrhunderte. Auch als Ruine ist der Hohen Neuffen noch äußerst imposant.

Hohen Neuffen, one of the largest ruined fortified castles in Germany, is a prominent feature in the landscape from a long way off. You can see out over the Neckar region as far as the Black Forest and the ridges of the Swabian Highlands from here. Teck Castle with its pointed tower is visible on the right. Hohen Neuffen Castle was founded as early as 1140 and turned into a massive stronghold in the 16th century with rings of fortifications, casements and artillery platforms. It was not destroyed in battle but gradually fell into disrepair over the centuries. Even as a ruin Hohen Neuffen is a very impressive sight.

De loin déjà, on peut apercevoir le Hohen Neuffen, la plus imposante forteresse en ruine d'Allemagne. D'abord château féodal avant 1140, elle devint une citadelle au XVIe siècle avec des fortifications massives, des casemates et des tours de guet. La forteresse ne fut jamais prise durant les guerres, mais se délabra au fil du temps. Même en ruine, le Hohenneufen forme encore un ensemble colossal. De là, la vue s'étend sur le pays du Neckar jusqu'à la Forêt-Noire et les sommets de la lisière du Jura souabe où à droite, en haut, on reconnaît la tour pointue de la Teck.

Burg Hohen Neuffen trohnt auf einem Weißjurafelsen auf 743 Metern

Burg Hohen Neuffen dominates a Late Jurassic rock · Le château de Hohen Neuffen se dresse sur un rocher blanc jurassique

Die erste Burg aus der Mitte des 12. Jh. wurde vom Geschlecht der Edelfreien von Neuffen erbaut, aus dem der Minnesänger Gottfried hervorging. Unter Herzog Ulrich von Württemberg begann Mitte des 16. Jh. der Ausbau zur Landesfestung. 1801 wurde die Burg aufgegeben und später geschleift, 1862 ließ man den Abbruch stoppen. Eine Gaststätte wurde im oberen Burghof eröffnet. Heute beherbergt die Burg eine gepflegte Gastronomie mit Veranstaltungen rund ums Jahr, wie standesgemäße Feste als Rittermahl, Tafeley oder Mittelaltermärkte.

The first castle here was built in the mid-12th century by the Edelfreien von Neuffen dynasty, a famous member of which was the troubadour Gottfried. Work began on converting it into a state fortress in the mid-16th century, during the reign of Duke Ulrich of Württemberg. It was abandoned in 1801, and a later effort to raze it to the ground was halted in 1862. A tavern opened in the upper courtyard, and visitors will now find fine cuisine and an annual calendar of special events, along with befitting festivals such as medieval banquets, feasts and markets.

Le premier château fut bâti au milieu du XIIe siècle par la lignée noble des von Neuffen dont est issu le célèbre troubadour Gottfried. L'édifice fut transformé en forteresse à partir du milieu du XVIe siècle sous le duc Ulrich de Wurtemberg. Abandonné en 1801, le château devait être plus tard rasé, mais on stoppa sa destruction en 1862. Sa partie supérieure abrita alors une auberge. Aujourd'hui, le château est pourvu d'un restaurant gastronomique et accueille divers événements durant toute l'année, tels que des soirées avec festins médiévaux et des marchés médiévaux.

Stadt NEUFFEN mit historischem mittelalterlichen Stadtkern

Neuffen with its historic medieval town centre · Neuffen, quartier médiéval de la ville historique

Hier am Albtrauf liegt die kleine Stadt Neuffen, am Nordrand der Schwäbischen Alb. Dort, wo schon die Kelten um 100 v. Chr. siedelten, entwickelte sich im 12. Jahrhundert mit dem Bau der Burg Hohen Neuffen und der guten Verbindung der Burgherren ein reger Markt, so dass der Ort bereits 1232 Stadtrechte bekam. 1303 verkaufte Luitgard von Nifen die Stadt an Württemberg. Die Blütezeit begann und der heutige historische Grundriss der Stadt entstand. Bis heute ist der Weinbau für Neuffen ein wichtiger Wirtschaftszweig, bis auf 560 Meter Höhe werden hier Weinreben angebaut.

Here on the steep northern slopes of the Alb lies the little town of Neuffen. Around 100 B.C. there was a Celtic settlement here, which by the 12th century, as a result of Hohen Neuffen Castle and the good connections of its owners, had developed into a busy market town. A charter was granted in 1232, and in 1303 Luitgard von Nifen sold the town to the state of Württemberg. This marked the start of its heyday and the creation of the basic street layout we see today. Wine-growing is a key industry here, and local vineyards extend to heights of 560 metres.

La petite ville de Neuffen s'étend à la lisière nord du Jura souabe, là où les Celtes avaient installé une colonie vers 100 avant notre ère. Un bourg doté d'un marché animé se développa au XIIe siècle grâce à l'édification du château de Hohen Neuffen et à la renommée des seigneurs. Le bourg obtint ainsi ses droits de ville dès 1232. En 1303, Luitgard von Nifen vendit la ville au Wurtemberg. Une période de grande prospérité commença et la ville fut dotée de sa physionomie historique actuelle. Aujourd'hui encore, la culture des vignobles, qui grimpent jusqu'à 560 mètres d'altitude.

Malerisch baut sich Nürtingen am Neckar mit der alles überragenden Stadtkirche St. Laurentius über dem Fluss auf, in dessen Wasser sich die spitzgiebeligen Häuser und die Kirche spiegeln. In der spätgotischen Hallenkirche sind eindrucksvolle Fresken zu bewundern. In der schmucken Altstadt fallen zahlreiche renovierte Fachwerkbauten auf, beispielsweise die Alte Schmiede, das prächtige Riegersche Haus und der Salemer Hof. Im ehemaligen Schweizer Hof – heute Hölderlinhaus – verbrachte der Dichter Friedrich Hölderlin mehrere Jahre seiner Jugend.

Nürtingen on the Neckar rises picturesquely up above the river, with the all-dominating Church of St Laurence. The peak-gabled houses and the church are reflected in the water. There are impressive frescoes to be seen in the Late-Gothic hall church. The visitor's eye is caught in the pretty old town by the large number of restored timbered buildings, for example the Old Smithy, the magnificent Rieger Building and Salemer Hof. The poet Friedrich Hölderlin spent many years of his youth in former Schweizer Hof, now Hölderlin House.

Nürtingen sur le Neckar est dominée par son église paroissiale St-Laurentius qui se reflète dans les eaux de la rivière à côté des maisons aux toits à pignons. L'église de type halle et de style gothique tardif abrite d'admirables fresques. La Vieille-Ville pittoresque comprend de nombreux édifices à colombages superbement rénovés, dont l'ancienne forge (Alte Schmiede), la magnifique maison dite Riegersche Haus et le Salemer Hof. Le poète Friedrich Hölderlin passa plusieurs années de sa jeunesse dans la maison appelée autrefois Schweizer Hof et rebaptisée Hölderlinhaus.

RENO
RENO
DREIKÖNIG STR
PAULINEN STR
MAGAZIN

Nach dem Stadtbrand von 1690, der die ganze Stadt in Schutt und Asche legte, wurde Kirchheim unter Teck am alten Straßenkreuz einheitlich wieder aufgebaut. Eindrucksvoll ist das Rathaus, das die Längsachse abschließt. 1724 errichtet zählt es zu den schönsten Fachwerkbauten des Landes. Besonders beachtenswert ist die Mondphasenuhr am fachwerkgeschmückten Turm sowie die Kassettendecke in den Arkaden. Stattliche Fachwerkhäuser und gemütliche Fußgängerzonen prägen das Stadtbild von Kirchheim unter Teck.

After the fire of 1690, that razed the town to the ground, Kirchheim unter Teck was rebuilt at an old crossroads. The town hall that completes the longtitudinal axis looks impressive. Built in 1724 it is one of the finest timbered buildings in the state. Of special note are the lunar clock on the timbered tower and the coffered ceiling in the arcades. The atmosphere of the town of Kirchheim unter Teck is created by its splendid timbered buildings and attractive pedestrian precincts.

Après un incendie qui ravagea Kirchheim unter Teck en 1690, la ville au carrefour d'anciennes routes marchandes, fut reconstruite selon un plan régulier. Un hôtel de ville magnifique ferme la rue principale, aujourd'hui piétonnière. L'hôtel de ville de 1724 s'inscrit parmi les plus beaux édifices à colombages du pays. Sa tour ornée d'une horloge au cycle lunaire et le plafond à caissons des arcades sont particulièrement remarquables. De magnifiques maisons à pans de bois et des rues piétonnières pittoresques dessinent la physionomie de Kirchheim unter Teck.

BURG TECK bei Kirchheim, Gipfelburg auf 773 Metern

Burg Teck near Kirchheim, hilltop castle at an altitude of 773 metres · Burg Teck près de Kirchheim, château perché à 773 mètres d'altitude

Hoch über der fachwerkgeschmückten Stadt Kirchheim ragt ein spitzes Türmchen über den Rand der Schwäbischen Alb: die Burg Teck. Sie wurde im 11. Jh. von den Herzögen von Zähringen erbaut und kam im 14. Jh. in den Besitz des Hauses Württemberg, das seitdem auch den Herzogtitel führen durfte. Im 18. Jh. sollte auf dem Bergsporn eine starke Festung gebaut werden, weshalb die alte Burg abgerissen wurde. Doch das Festungsprojekt kam nie zustande. Erst 1899 entstand der charakteristische Aussichtsturm und 1954 wurde ein Wanderheim des Schwäbischen Albvereins eingerichtet.

High above the town of Kirchheim with its pretty timbered buildings a pointed tower reaches up towards the sky: Teck Castle. It was built by the Dukes of Zähringen in the 11th century, passing into the possession of the house of Württemberg in the 14th century. In the 18th century a mighty stronghold was to be built on the spur of rock, which is why the old castle was torn down. But the project never came to fruition. At 1899 the distinctive observation tower was built and in 1954 they established an hikers' centre for the Swabian Highlands Association in the castle.

Une tour pointue appelée la Teck se dresse à la lisière du Jura souabe, au dessus de Kirchheim, ville réputée pour ses maisons à pans de bois. Jadis, se trouvait ici un château construit au XIe siècle par les ducs de Zähringen et qui, au XIVe siècle, revint aux Wurtemberg, les élevant ainsi à la fonction ducale. Le château féodal fut rasé au XVIIIe siècle, car une forteresse devait être construite sur l'éperon rocheux, mais ce projet ne se réalisa jamais. La tour panoramique, qui domine le paysage, fut bâtie en 1899. La société du Schwäbischer Albverein y ajouta un refuge pour les randonneurs en 1954.

Auf dem Bild sieht man ein Meereskrokodil (Mystriosaurus) aus dem Ölschiefer von Holzmaden (Lias epsilon/ Schwarzer Jura). Besonders im Ölschiefer des Schwarzen Juras, der vor rund 180 Millionen Jahren abgelagert wurde, sind viele wirbellose Tiere wie Seelilien, aber auch Saurier, Fische und Krokodile als Versteinerungen erhalten geblieben. Die berühmteste Fundstelle ist das Gebiet um Holzmaden bei Kirchheim unter Teck. Das dortige Urwelt-Museum Hauff zeigt die schönsten Fossilienfunde. Vor einigen Jahren wurde ein weiteres Fossilienmuseum in Dotternhausen bei Balingen eröffnet .

Below aou see a Sea crocodile (mystriosaurus) from the oil shale of Holzmaden (lias epsilon / Black Jura). The Black Jura oil shale deposited over 180 million years ago is particularly rich in fossils of invertebrate animalese.g. sea lilies, saurians, fish and crocodiles. The area around Holzmaden near Kirchheim unter Teck is famous for its finds. The finest examples are exhibited in the Fossil Museum Hauff there. Fossils from Holzmaden are exhibited in all of the world's major geological museums. A few years ago another fossil museum was opened in Dotternhausen.

Un crocodile marin (mystriosaurus) trouvé dans les schistes bitumineux de Holzmaden. Ces roches noires, datant de quelque 180 millions d'années, abondent en fossiles d'animaux invertébrés, de sauriens, de poissons et de crocodiles. Les terrains fossilifères les plus importants se trouvent dans la région de Holzmaden, près de Kirchheim unter Teck. Le musée des fossiles Hauff de la ville abrite une très belle collection. Par ailleurs, on trouve des fossiles de Holzmaden dans tous les musées géologiques de renom du monde.

Zähringerstadt WEILHEIM an der Teck

WEILHEIM an der Teck, town of the Zähringer dynasty · WEILHEIM an der Teck, ville de la lignée des Zähringen

Im Frühling zur Kirschblütenzeit wirkt die Kleinstadt Weilheim an der Teck besonders idyllisch. Unterhalb des markanten Hausbergs Limburg (598 Meter) erstreckt sich auch das südöstliche Weinanbaugebiet Württembergs, welches für den Ort mit der Großlage Schlosssteige von Bedeutung ist. Der kegelförmige Berg wurde wohl bereits zur Jungsteinzeit als Siedlungsschutz genutzt, was auch Berthold I. von Zähringen dazu bewog, um 1060 hier die Burg Limburg als Hauptsitz der Zähringer zu errichten.

An especially idyllic atmosphere reigns in the little town of Weilheim an der Teck during cherry-blossom time in spring. The south-easterly wine-growing area of Württemberg stretches out from the foot of the prominent local Limburg Mountain (598 metres) and includes the extensive Schlosssteige vineyards, of key importance for Weilheim. The conical mountain of Limburg played a strategic role in the settlement's defences even in the Neolithic age – one reason why Berthold I of Zähringen chose it as the site of Limburg Castle, seat of the Zähringer dynasty.

La petite ville de Weilheim an der Teck s'empreint d'une atmosphère idyllique au printemps, quand les cerisiers sont en fleurs. Sous la colline de Limburg (598 mètres) qui domine la ville s'étend la région de vignobles du sud-est du Wurtemberg dont le terroir viticole dit Schlosssteige est attaché à Weilheim. Petit sommet arrondi, le Limburg protégeait déjà des habitations humaines à l'âge de la pierre. C'est pourquoi Berthold Ier de Zähringen choisit cette topographie favorable pour y construire vers 1060 le château de Limburg qui devint la résidence principale de la dynastie.

Der Legende nach geriet während der Jagd Graf Ludwig III. von Oettingen in ein Sumpfgebiet. Er steckte dort so lange fest, bis er nach langen Gebeten schwor, an dieser Stelle ein Kloster zu errichten. Was auch geschah: 1270 wurde die Gründung durch eine Stiftungsurkunde belegt. Das Kloster wurde zum Hauskloster und zur Grablege der Familie. Nach der Säkularisation 1802 durften die dort lebenden Nonnen noch bis 1858, als die letzte von ihnen starb, dort verbleiben. Dann ließ man das Kloster zum Teil abbrechen und die Kirche wurde Pfarrkirche.

According to legend, Count Ludwig III of Oettingen was stranded in marshland during a hunting expedition. Unable to extricate himself, he prayed hard and was saved after he swore to build a cloister on the site. He kept his word, as is shown by the deeds of endowment dating from 1270. The foundation became a family convent and also the family burial place. After the secularisation in 1802, the resident nuns were allowed to stay until the last one died in 1858. The convent was then partly demolished and the chapel converted into the local parish church.

Selon la légende, le comte Louis III d'Oettingen se perdit dans un marécage pendant qu'il chassait et ne retrouva son chemin qu'après une longue prière. Il jura alors de construire un couvent à cet endroit. La promesse fut tenue ainsi qu'en atteste un document de 1270. Le couvent, possession des Oettingen, abrita les tombeaux de la famille. Malgré la sécularisation en 1802, les cisterciennes eurent le droit d'y résider jusqu'à la mort de la dernière nonne en 1858. Le couvent fut ensuite en partie détruit et son église devint une église paroissiale.

RUNIE REUSSENSTEIN oberhalb von Neidlingen

Ruins of Reussenstein, above Neidlingen · Ruines du Reußenstein surplombant Neidlingen

Auf steilem Fels ragt über Neidlingen die Ruine Reußenstein auf. Der Bergfried ist aus dem 14. Jh., der Pallas entstand im 15. Jh. – Das Randecker Maar bei Bissingen-Ochsenwang ist wohl das bekannteste der Maare des Schwäbischen Vulkans. Der nach Norden zu einem Nebenfluss des Neckars abfließende Zipfelbach hat den nördlichen Rand des Maars angegriffen und durch eine Schlucht geöffnet. Im Maar zeichnet sich die Grenze zwischen dem wasserstauenden Vulkantuff im Grund und dem umgebenden Kalkstein im Pflanzenbewuchs ab.

The ruins of Reussenstein tower up on top of a steep rockface above Neidlingen. The keep dates from the 14th century and the main castle building from the 15th. – Randecker Maar is probably the most well-known of the volcanic maars in the Schwäbische Alb. The Zipfelbach, the stream which flows away northwards to a tributary of the Neckar, has damaged the northern rim of the maar and opened up a gorge. The border between the water-resistant volcanic tuff at the base of the lake and the surrounding limestone beneath the plant growth is clearly to be seen.

Les ruines du château de Reussenstein se dressent sur un rocher abrupt au-dessus de Neidlingen. – Le Randecker Maar près de Bissingen-Ochsenwang est sans aucun doute l'ancien cratère volcanique le plus connu du Jura souabe. Le Zipfelbach qui se jette dans un affluent du Neckar a érodé la partie septentrionale du cratère volcanique et y a creusé un ravin. La végétation révèle l'emplacement du cratère: des prés verdoyants, semés d'arbres, s'étendent sur le tuf volcanique qui retient l'eau, tandis qu'une herbe rare pousse sur le sol calcaire qui entoure les prés.

BAD ÜBERKINGEN, Blick ins Filstal

Bad Überkingen, view of Filstal · Bad Überkingen, vue de la vallée dite Fistal

Bad Überkingen befindet sich in einer bezaubernden Lage. Mit Mineralquellen besonderer Qualität gilt der Ort schon seit dem 12. Jahrhundert als Geheimtipp unter den Badegästen. Trinkkuren und Thermalbäder bieten ein breites Spektrum an Heileffekten, von dessen Wirkung bereits Fürsten, Herzöge und Grafen im 15. und 16. Jahrhundert schwärmten. Zahlreiche Familienwappen im Treppenhaus des Badgebäudes (heute ein Hotel) und in der Kirche zeugen von den Besuchen fürstlicher Badegäste.

Bad Überkingen, regarded as one of the jewels of German health resorts on account of its enchanting setting and the special qualities of its mineral springs, has been highly rated among insiders since the 12th century. In the 15th and 16th centuries, princes, dukes and counts praised its wide range of therapies, which include drinking the waters and mineral bath cures. Evidence of such former aristocratic patronage can be found in the numerous coats of arms in the stairwell of the bath house (now a hotel) and in Überkingen church.

Bad Überkingen n'est pas aussi réputée que d'autres villes d'eau allemandes, et pourtant cette petite station thermale offre une nature magnifique et des eaux minérales aux grandes vertus curatives. Depuis le XIIe siècle, les eaux de ses sources thermales sont bues ou utilisées en bains pour soigner un large éventail de maladies. La ville a surtout connu un âge d'or aux XVe et XVIe siècles ainsi qu'en témoignent les nombreux blasons des familles princières, ducales et comtales qui décorent l'escalier de l'établissement thermal (jour pour un hôtel) et l'église de la commune.

Donzdorf war schon früh zwischen den Grafen von Helfenstein und denen von Rechberg aufgeteilt. Nach einigen Teilungen gelangten die Grafen von Rechberg 1797 in den Besitz des Ganzen. 1810 wurden Ort und Gebiet württembergisch. Das in einem Park liegende stattliche Renaissanceschloss wurde 1568 erbaut. — Geislingen nennt sich die Fünftälerstadt. Die Lage beschert dem Ort seine landschaftliche Vielfalt und den besonderen Reiz. Jurafelsen wechseln sich ab mit Schluchten, Wäldern und Quellbächen, Obstwiesen sowie einer Vielzahl an seltenen Tieren und Pflanzen.

From very early days, Donzdorf was divided up between the Counts of Helfenstein and the Counts of Rechberg. As a result of further partitions, the Counts of Rechberg acquired the whole in 1797. In 1810 the town and surounding area became part of Württemberg. The splendid Renaissance castle in its park was built in 1568. — Geislingen lies at the meeting place of five valleys. It is this setting that lends the town its scenic diversity and special charm. There are Jurassic rocks, ravines, woodlands, bubbling springs, orchards as well as rare fauna and flora.

Donzdorf que se partagèrent longtemps les comtes de Helfenstein et de Rechberg revint entièrement à ces derniers en 1797 et fut annexée au Wurtemberg en 1810. Le château Renaissance qui se dresse dans le parc de la ville, date de 1568. — Geislingen, la ville aux cinq vallées. Sa situation géographique confère un charme particulier à cette localité nichée au cœur d'une nature aux paysages variés de ravins, parois jurassiques, sources et ruisseaux, forêts et vergers, habitats d'une flore et d'une faune rares.

GÖPPINGEN, Stadtansicht mit Blick zum Hohenstaufen, Rechberg und Stuifen

Göppingen, view to the City · Göppingen, vue sur la ville

Im Zeichen des Löwen wurde rund um Göppingen staufische Geschichte geschrieben. Hier war das Kerngebiet des schwäbischen Herzogtums. Sie errichteten ihre Stammburg um 1070 auf dem Hohenstaufen. Von hier aus gestalteten in der Erbfolge zehn schwäbische Herzöge sowie sieben Könige und Kaiser die europäische Geschichte mit. Die Stadt mit ihrem klassizistischen Grundriss ist heute noch Zeuge dieser Zeit. Sie liegt im ökonomischen Zentrum Baden-Württembergs, geprägt von Traditionsfirmen und aufstrebenden Unternehmen.

The Hohenstaufen dynasty left their mark all around Göppingen, once the seat of the Swabian dukes. Their main residence was built on the Hohenstaufen in about 1070 and from here, under the sign of the lion, they steered the course of European history during the reign of ten dukes and seven kings and emperors. The town's ground plan is based on a Classical model beneficial to both local and national communications. With its traditional businesses and new expanding enterprises, Göppingen lies at the economic heart of Baden Württemberg.

L'histoire des Staufer a commencé sous le signe du lion, autour de Göppingen. C'est ici qu'était le noyau du duché souabe. La lignée Staufer construisit son premier château vers 1070 sur le Hohenstaufen et depuis cet endroit, participa au destin de l'Europe puisqu'elle généra 10 ducs souabes, sept rois et empereurs allemands. Construite sur un plan urbain néoclassique, la ville est toujours aussi active qu'autrefois. Située au coeur économique du Bade-Wurtemberg, elle s'enorgueillit d'une industrie prospère, mais est aussi très réputée pour son université.

Ort und Berg Hohenstaufen nahe Göppingen

Hohenstaufen – a site and hill near Göppingen · Localité et montagne de Hohenstaufen près de Göppingen

Der Hohenstaufen ist der westlichste der „Drei Kaiserberge", die beiden weiteren Erhebungen sind der Stuifen und der Rechberg. Der Name Staufen hat seinen Ursprung in der Form des Berges, die an einen umgedrehten Kelch erinnert, einen „Stauf". Auf dem 684 hohen, weithin sichtbaren Bergkegel zwischen Göppingen und Schwäbisch Gmünd liegt die Ruine der Burg Hohenstaufen. Sie war einst die Stammburg des bedeutenden Adelsgeschlechts der Staufer, das vom 11. bis 13. Jahrhundert viele Könige und Kaiser hervorbrachte, darunter Friedrich I. (Barbarossa).

Hohenstaufen is the westernmost of the "Drei Kaiserberge"; the other two hills are the Stuifen and the Rechberg. The "Staufen" comes from the hill's particular form, which is reminiscent of a goblet – a "Stauf" – standing on its head. The ruins of Hohenstaufen Castle are situated, visible from far afield, on the 684 metre-high summit. The castle was once the principal residence of the high aristocratic lineage, the Staufer, which produced many kings and emperors between the 11th and the 13th century, among them Frederick I. (Barbarossa).

Le Hohenstaufen est celui le plus à l'ouest des « Trois monts de l'empereur » (Drei Kaiserberge), les deux autres étant le Stuifen et le Rechberg. Le nom des Staufen a son origine dans la forme du mont qui rappelle un calice retourné, un « Stauf ». Sur le cône de la montagne, haut de 684m et visible de loin, entre Göppingen et Schwäbisch Gmünd, se trouve la ruine du château-fort de Hohenstaufen. C'était autrefois le château ancestral de la célèbre maison des Staufer qui a donné, entre le XIeme et XIIIeme siècle, de nombreux rois et empereurs, dont Frédéric Ier (Barberousse).

KLOSTER LORCH, Kloster der Staufer

Hohenstaufen monastery of Lorch · Monastère – Kloster Lorch

Das ehemalige Benediktinerkloster Lorch wurde 1102 durch den Staufer Herzog Friedrich I. errichtet. Mit dem Bau der Stiftskirche 1139 konnten die Grablegen der Stauferfamilie in das Kloster überführt werden. Es folgten viele Besitzwechsel, Reformationen und Kriege, die der Entwicklung des Klosters immer wieder zu schaffen machten. Heute ist es als Monument zu besichtigen. — Die Falknerei, also die Kunst mit Vögeln zu jagen, gibt es schon mehr als 3.500 Jahre und sie wurde 2010 in die Weltliste der UNESCO aufgenommen. Die Staufer Falknerei bietet einen Einblick in diese Kunst für Jedermann.

The former Benedictine monastery of Lorch was built in 1102 by Duke Friedrich I of Hohenstaufen. In 1139 a collegiate church was founded here so that the monastery could serve as a Hohenstaufen burial place. But time and again, changes of ownership, reform movements and wars disrupted monastic life, and now it is simply a monument open to the public. — Falconry, or the art of hunting with birds of prey, has existed for over 3,500 years and in 2010 was listed as UNESCO Cultural Heritage. Hohenstaufen Falconry gives visitors an insight into a sport that is now open to all.

Le duc Friedrich 1er de Staufen fit construire l'ancien monastère bénédictin de Lorch en 1102. Son église édifiée en 1139 accueillit les tombeaux de la dynastie à partir de cette date. De nombreux changements de propriétaires, la Réforme et des guerres ne cessèrent d'entraver le développement du monastère. L'édifice est aujourd'hui ouvert au public. — La fauconnerie, l'art d'élever des rapaces pour la chasse, existe depuis plus de 3 500 ans et est inscrite au patrimoine mondial de l'UNESCO depuis 2010. On peut avoir un aperçu de cet art en visitant la fauconnerie Staufen.

△ Steppenadler ▽ Jagdfalke ▽ Sibirischer Uhu ▽ Königsbussard △ Sibirischer Uhu

▽ Eulennachwuchs ▽ Steinadler ▽ Jagdfalke

Die Staufergeschichte als Rundbild im Kloster Lorch, Ausschnitt Hohenstaufen
The history of Hohenstaufen – section of a circular · Peinture géante représentant l'histoire des Staufen au monastère de Lorch

Wäscherschloss bei Wäschenbeuren

Moated castle near Wäschenbeuren · Wäscherschloss à Wäschenbeuren

Eine Wäscherin soll Kaiser Barbarossa laut Legende als Geliebte gehabt haben, sie bekam die Wäscherburg als Domizil geschenkt. Ab 1271 hielt Ritter Konrad von Staufen, auch „Wascher" genannt, die Burg in seinem Besitz. Erst 1699 ließ man die Burg schlossartig umbauen, sodass sie fortan Wäscherschloss hieß. Wallanlagen und Funde deuten auf eine Fliehburg hin, die schon im zehnten Jahrhundert bestand. Um 1200 wurden der Wohn- und Wehrturm mit einer 10 Meter hohen Ring- und Schildmauer aus Buckelquadern umgeben.

According to legend, the name Wäschenbeuren arose when Emperor Barbarossa presented his mistress, a washerwoman, with her own place of residence. A Hohenstaufen knight named Conrad, nicknamed the Laundryman, took over the castle in 1271, and in 1699 it was rebuilt as a palace and christened Laundry Castle. On the evidence of the ramparts and foundations, there was formerly a tenth century refuge on this site. Around 1200, the fortified tower and living quarters were surrounded by a 10-metre-high protective wall of roughly hewn stone.

Selon la légende, l'empereur Barberousse offrit le château à une lavandière qui était devenue sa maîtresse, d'où le nom de l'édifice (château des laveurs). Le chevalier Konrad von Staufen en fit sa résidence en 1271. Le château médiéval fut transformé et embelli en 1699. Les douves et les fondements rappellent le premier château fortifié construit au Xe siècle. Le donjon comprenant la partie d'habitation fut élevé vers 1200. Il est entouré d'un épais mur d'enceinte de 10 mètres de hauteur.

SCHWÄBISCH GMÜND, die älteste Stauferstadt

Schwäbisch Gmünd, the oldest Hohenstaufen town · Schwäbisch Gmünd, la plus ancienne ville des Staufen

Als erste Stadtgründung der Staufer entstand im 12. Jh. Schwäbisch Gmünd. Die St. Johanniskirche mit schlankem Glockenturm und reichhaltigem plastischen Schmuck, grotesken Fabelwesen und Fratzen gehört zu den bedeutendsten spätromanischen Kirchenbauten Süddeutschlands. Baulicher Höhepunkt der Stadt ist das spätgotische Heilig-Kreuz-Münster (1310) der berühmten Baumeisterfamilie Parler aus Köln. Die Hallenkirche besitzt ein eindrucksvolles Netzgewölbe. Mittelalterliche Fachwerkbauten und barocke Bürgerhäuser sowie das 1760 erbaute barocke Neue Rathaus säumen den Marktplatz.

Schwäbisch Gmünd was the first town founded by the Hohenstaufens in the 12th century. The Church of St John with its slender clock tower and rich decoration depicting grotesque and fabulous creatures is one of the most important late-Romanesque sacred buildings in southern Germany. The town's architectural highlight is the Late-Gothic Minster of the Holy Cross, a hall church dating from about 1310, with an impressive reticulated vault, designed by the famous Parler family, architects from Cologne. The market square is lined with medieval timbered buildings, baroque town houses and the baroque town hall of 1760.

Schwäbisch Gmünd fut la première ville fondée par les Staufer au XIIe siècle. Flanquée d'une élégante tour polygonale, l'église St-Johannis, richement ornée de masques, de grotesques et autres créatures fabuleuses, compte parmi les plus importants édifices religieux de style roman tardif du Sud de l'Allemagne. Cependant, la plus belle œuvre architecturale de la ville est la cathédrale de la période gothique tardif, construite par la célèbre famille d'architectes Parler de Cologne à partir de 1310, une église de type halle aux impressionnantes voûtes réticulées.

△ Wehrturm der Stadtbefestigung „Fünfknopfturm" ▽ Spätromanische Pfeilerbasilika St. Johannis △ Barockes Rathaus am schönen Marktplatz ▽ Glockenturm

Die Wallfahrt zu einem Marienbild auf dem Rechberg gibt es seit dem 15. Jahrhundert. Die heutige Wallfahrtskirche St. Maria stammt aus dem ausgehenden 17. Jahrhundert. — Am nordöstlichen Rand der Schwäbischen Alb liegt der Albuch – weite Wälder, Hochflächen, Wacholderheiden und Steilhänge prägen diese Landschaft. Auf dem Rosenstein (735 m), oberhalb von Heubach gelegen, erlebt man die Alb bei Wanderungen und Kletterpartien in zauberhaften Stimmungen.

There have been pilgrimages to an image of the Virgin Mary on the Rechberg since the 15th century. The present pilgrimage church of St Mary dates from the end of the 17th century. — The typical features of the Albuch area, situated on the north-eastern edge of the Schwäbisch Alb, are extensive woodland, exposed heights, juniper-covered heath and steep hillsides. Climbers and walkers make for the summit of Rosenstein (735 m) above Heubach, the best spot to drink in the characteristic, unforgettable atmosphere of the Alb.

Déjà au XVe siècle, le Rechberg était un lieu de pèlerinage où l'on venait adorer la madone. L'église de pèlerinage Sainte-Marie qui se dresse sur la montagne, date de la fin du XVIIe siècle. — Albuch est située à la lisière nord-est de la Schwäbischen Alb, une superbe région composée de vastes forêts, hauts plateaux, landes de genévriers et versants accidentés. Lors de randonnées ou d'escalades sur le Rosenstein (735 m) qui domine Heubach, on respirera l'atmosphère spéciale de cette partie de la Souabe.

Schloss ELLWANGEN und die Wallfahrtskirche Schönenberg (1682-1695)

Schloss Ellwangen and the pilgrimage church of Schönenberg · Château d'Ellwangen et l'église de pèlerinage de Schönenberg

Fränkische Edle gründeten schon 764 ein Benediktinerkloster in Ellwangen. Die 1233 geweihte Stiftskirche wird als die bedeutendste unter den romanischen Gewölbebauten des Landes gerühmt. 1460 wurde die Abtei in ein Chorherrenstift unter einem Fürstprobst umgewandelt. Aus der 1266 erwähnten Burg wurde 1608 ein Renaissanceschloss. Nach der Übernahme durch Württemberg 1802/03 war Ellwangen kurze Zeit Sitz der Regierung für die (katholischen) neuwürttembergischen Lande.

Franconian noblemen established a Benedictine monastery in Ellwangen as early as 764. The collegiate church, consecrated in 1233, is extolled as the most important Romanesque vaulted building in the state. In 1460 the abbey became a canonical foundation governed by a prince-provost. The Renaissance castle, on the site of an older one first mentioned in 1266, dates back to 1608. In 1802/3 Ellwangen was, for a short time, the seat of government for the incorporated areas.

Des seigneurs francs fondèrent un monastère de Bénédictins à Ellwangen dès 764. L'église collégiale, consacrée en 1233, est considérée comme l'édifice religieux le plus important de la région. Un château fort, mentionné pour la première fois en 1266, fut transformé en château Renaissance en 1608. Lorsque de nombreuses communes catholiques revinrent au Wurtemberg protestant en 1802/03, Ellwangen devint pour quelques années le siège du « Wurtemberg catholique ».

Die römische Vergangenheit ist in Aalen allgegenwärtig, das UNESCO Weltkulturerbe des Obergermanisch-Raetischen Limes ist Gegenstand der prägnanten Geschichte des Ortes. Als zentraler Standort des größten Reiterkastells nördlich der Alpen beherbergt Aalen auch das größte Römermuseum in Süddeutschland. Alle zwei Jahre finden hier die Römertage statt, die das Leben von damals widerspiegeln. Den antiken Flair kann man an jedem Tag auch im Limes-Thermalbad genießen, allerdings dann höchstens mit einer Wasserschlacht als römisches Attribut zu den Festspielen.

All over Aalen you will find evidence of its Roman past. The Limes that marked the borders of the Roman Empire ran through Aalen, and this stretch of wall, now a UNESCO World Heritage site, played a key role in the town's history. Aalen was the location of the largest cavalry fort north of the Alps, and Germany's largest Roman museum can now be found here. Every two years, Aalen's Roman Festival celebrates life in Roman times. Some of its antique flair can be enjoyed daily in the Limes thermal baths, though at best a water fight has to replace the festival's battles.

Le passé romain est présent partout à Aalen. Inscrit au patrimoine UNESCO culturel mondial, le « Obergermanisch-Raetischer Limes », partie du limes, mur-frontière érigé par les Romains, joua un rôle majeur dans l'histoire de la ville. C'est ici que fut construit le plus grand castel romain au nord des Alpes. Le plus grand musée romain d'Allemagne occupe aujourd'hui son emplacement. Tous les deux ans s'y déroule le festival appelé Journées romaines qui met en scène la vie à l'époque romaine. On peut également goûté quotidiennement l'ambiance romaine antique à la piscine thermale du Limes.

Römischer Limes-Wachtturm bei Kloster Lorch

Der Obergermanisch-Raetische Limes verläuft über 550 km zwischen Rhein und Donau. Als Begriff bedeutet Limes, dass es sich um einen Grenzweg oder eine Schneise handelte. Somit stellte der römische Limes eine eindeutig definierte Grenze dar. Man geht davon aus, dass der Limes eher eine Wirtschaftsgrenze darstellte, da er zur Abwehr nicht besonders geeignet war. Antrieb für die Gründung dieser wirtschaftspolitischen Linie war wohl die verlorene Varusschlacht. Daraufhin zogen die Römer sich auf die linke Rheinseite zurück und sicherten sich lediglich noch die wichtigen Wirtschaftswege.

The Upper Germanic-Rhaetian Limes runs for a distance of 550 kilometres between the rivers Rhine and Danube. The word limes means border route or cutting, and the Limes did indeed serve as a distinct, clearly defined border of the Roman Empire. As the Limes was not especially efficient as a defensive structure, it is assumed to have been planned as an economic frontier. The reason for erecting such a boundary may have been the devastating defeat of the Roman army in the Teutoburg Forest, for in its wake, the Romans retreated to the lands west of the Rhine to secure key trading routes.

Le limes de Germanie supérieure et de Rhétie s'étend sur plus de 550 km entre le Rhin et le Danube. Le terme limes qui signifie en latin chemin de patrouille à la frontière est le nom donné aux frontières délimitant les territoires romains. Le limes germanique fut établi après la défaite de Varus à la bataille de Teutoburg lorsque les Romains durent se retirer sur la rive gauche du Rhin. Le limes n'était pas une puissante fortification, mais il avait un but de surveillance et douanier, assurant aux Romains les principales voies marchandes.

Das bedeutende Limesmuseum ist nur ein Teil der spannenden Zeitgeschichte, die Aalen der Nachwelt zu präsentieren hat. Im Urweltmuseum lassen sich Saurierfunde aus der Jurazeit bestaunen, im Limesmuseum kann man lebendig den Lebensstil und die Welt der Römer in Germanien nachempfinden. Tief unten im Stollen sind wir in der Geschichte der Industrie angekommen. Schon in der Vorgeschichte ließen sich im Raum Aalen Vorläufer des Hüttenwesens nachweisen, was sich später zu einem wichtigen Industriezweig für die Gegend entwickelte. Die Ortsgeschichte erlebt man im Museum Wasseralfingen.

The notable Limes Museum provides only one aspect of the fascinating expedition into history that Aalen offers visitors today. In the Museum of Primeval History you can marvel at dinosaur remains from the Jurassic period, and the Limes Museum houses live displays recreating the daily life and world of the Romans in Germania. Below ground, in the mines, we can explore industrial history. The origins of iron ore mining around Aalen can be traced to prehistoric times, later this became a major industry in the region. The Wasseralfingen Museum is devoted to local history.

La vie des Romains en Germanie est présentée en tableaux vivants au musée du Limes. Mais ce musée ne raconte qu'une partie du passé captivant d'Aalen. Au musée de la Préhistoire, on découvre d'étonnants fossiles de sauriens datant de la période jurassique. L'histoire de l'industrie nous est contée dans les profondeurs d'une mine. La métallurgie était déjà pratiquée à la préhistoire dans les environs d'Aalen. Cette branche de l'industrie deviendra plus tard essentielle pour la région. Le musée Wasseralfingen documente l'histoire de la ville.

BOPFINGEN-Oberdorf mit Blick zum Ipf

Bopfingen-Oberdorf with a view of Ipf Mountain · Bopfingen-Oberdorf, vue sur la montagne Ipf

Das Gebiet um Bopfingen war seit der Bronzezeit besiedelt, der kegelförmige Ipf sogar schon in der Jungsteinzeit. Als Teil des römischen Alblimes ist beim nahen Oberdorf ein Erdkastell nachgewiesen worden. Schon 1188 wird die Stadt Bopfingen als staufisches Gut erwähnt, 1241 als Reichsstadt. Dies alles spricht für die Bedeutung des Platzes als Verkehrsknotenpunkt. Von der ehemaligen Stadtbefestigung ist fast nichts erhalten, dagegen bewahrte der Stadtkern ein anheimelndes geschlossenes Bild der kleinen Reichsstadt.

The area around Bopfingen was settled as long ago as the Bronze Age, the cone-shaped Ipf even earlier, during the Stone Age. Remains of a Roman earthern fort have been found near Oberdorf, part of the Roman Alb limes. The town of Bopfingen was mentioned as a Hohenstaufen estate as early as 1188, as an imperial town in 1241. All this underlines the town's importance as a transport hub. Little of the former fortifications have been preserved of the little imperial town. In 1803 it was ceded to Bavaria, in 1810 to Württemberg.

Les environs de Bopfingen étaient déjà habités à l'âge du bronze et des traces humaines, datant de l'âge de la pierre, ont été retrouvées sur la montagne. La commune voisine d'Oberdorf abritait un castel romain qui faisait partie du Limes. Bopfingen, mentionnée dès 1188 comme appartenant aux Staufen, devint ville libre impériale en 1241. La ville qui était jadis un nœud de communications important, n'a presque rien conservé des fortifications qui l'entouraient. Par contre, son centre pittoresque offre l'image typique d'une ancienne petite ville d'Empire.

Ruine Burg Flochberg über dem Bopfinger Ortsteil Schlossberg

Castle ruins of Flochberg, district of Schlossberg above, Bopfingen · Ruines du Flochberg surplombant le quartier Schlossberg de Bopfingen

Mit der hochmittelalterlichen Gipfelburg Flochberg (1138 erstmalig erwähnt) wollten sich die Staufer den wichtigen Zugang zur Reichstraße sichern und ein Bollwerk gegen die welfischen Bayern erschaffen. Dies gelang ihnen bis 1314, dann wurde die Burg in einer Fehde durch die Kontrahenten zerstört. König Ludwig ließ die Burg 1330 wieder aufbauen, jedoch überstand sie den 30-jährigen Krieg nicht unbeschadet. Bis dahin im Besitz des Fürstenhauses Oettingen-Wallerstein, wurde die Ruine 2003 an den Förderverein zur Erhaltung der Burg überstellt. Heute finden jährlich Veranstaltungen statt.

When the Hohenstaufen dynasty built the hilltop castle of Flochberg in the High Middle Ages, their aim was to safeguard the all-important access to the Imperial Road and erect a bulwark against the Bavarian Guelphs. Flochberg Castle, first documented in 1138, fulfilled its role till 1314, when it was destroyed in a feud between rivalling factions. King Ludwig rebuilt it in 1330, but it did not survive the Thirty Years' War unscathed. In 2003 ownership passed from the Counts of Oettingen-Wallerstein to the Friends of Flochberg Castle. Today it is a popular venue for annual events.

En édifiant le château fort de Flochberg (mentionné pour la première fois en 1138), les Staufen voulaient s'assurer l'accès capital à la route impériale et se protéger contre les ducs guelfes de Bavière. Ils y parvinrent jusqu'en 1314, date à laquelle leurs ennemis détruisirent le château. Le roi Louis fit reconstruire le château en 1330, mais il fut de nouveau ravagé pendant la guerre de Trente ans. Depuis 2003, une association s'occupe de la conservation du château, propriété de la maison princière de Oettingen-Wallerstein, Diverses manifestations s'y déroulent annuellement.

Die „Königin des Härtsfelds" wird die Abtei St. Ulrich und Afra zu Neresheim genannt. Das Kloster wurde 1095 gegründet, 1802 säkularisiert und ging an die Fürsten von Thurn und Taxis, 1806 an Bayern und 1810 an Württemberg. Seit 1919 wird es wieder durch die Benediktiner besiedelt. Die Abteikirche wurde 1750 bis 1792 nach Plänen von Balthasar Neumann errichtet, die nach seinem Tod nicht alle ausgeführt werden konnten. Trotzdem lautet das Urteil der Kunsthistoriker: „Die Barockarchitektur in ganz Europa hat wenig, was sich mit Neresheim messen kann."

The monastery of St Ulrich and Afra in Neresheim is called "Queen of the Härtsfeld". It was founded in 1095, secularised in 1802 and became property to the prince of Thurn und Taxis, 1806 part of Bavaria and part of Württemberg in 1810. In 1919 it was re-settled by Benedictine monks. The abbey church was built between 1750 and 1792 according to plans by Balthasar Neumann, not all of which, however, were actually carried out after his death. Nevertheless art historians concur in this statement: Baroque architecture in Europe has little that can match Neresheim.

L'abbaye Saint-Ulrich et Afra à Neresheim est appelée la « reine du Härtsfeld ». Fondée en 1095, elle fut sécularisée en 1802 et revint au Wurtemberg en 1810. Des moines bénédictins y habitent depuis 1919. L'église abbatiale fut bâtie de 1750 à 1792 sur des plans de Balthasar Neumann qui ne furent cependant pas tous réalisés après la mort du célèbre maître d'œuvre. Néanmoins, les historiens d'art jugent que l'architecture baroque de l'Europe toute entière compte peu d'édifices capables de se mesurer avec l'église de Neresheim.

Die romanische Bauweise der Burg ist unschwer an den Buckelquadern des Bergfrieds und an der um das Jahr 1000 erstellten Laurentius Kapelle sowie an vielen anderen Stellen der Burg zu erkennen. Wunderbare Fresken wurden in der Kapelle freigelegt, sie zeigen aus der Zeit von 1250 bis 1280 den Übergang aus der Spätromanik in die Gotik, was in dem Bilderzyklus sehr gut zu erkennen ist. Heute in Privatbesitz, wird die Burg der Öffentlichkeit durch mittelalterliche Feste, Rittertafeln und Übernachtungsmöglichkeiten zugänglich gemacht.

The Romanesque architecture of Katzenstein is easily recognisable in the rusticated masonry of the keep and the Laurentius chapel, built in about 1000 A.D., as well as in many other parts of the castle. In the chapel, some wonderful frescoes have been uncovered. Dating from 1250 to 1280, this cycle of pictures clearly illustrates the stylistic transition from Late Romanesque to Gothic. Today the castle is privately owned, but is occasionally open to the public, even for overnight stays, when medieval festivals and banquets take place.

On reconnaît immédiatement le style roman du château dans un grand nombre de ses parties dont surtout le donjon aux pierres à bossage et la chapelle Laurentius érigée vers l'an 1000. De superbes fresques ont été mises au jour dans la chapelle. Elles exposent dans un cycle de peintures le passage du roman tardif au gothique de 1250 à 1280. Aujourd'hui propriété privée, le château est devenu un hôtel. Il est ouvert au public lors de fêtes populaires médiévales et propose également des festins médiévaux.

Museum Steiff in GIENGEN an der Brenz

Steiff Museum, Gingen an der Brenz · Musée Steiff à Gingen an der Brenz

Trotz Kinderlähmung und in einer Zeit, in der Frauen als Unternehmerinnen keinerlei Präsenz hatten, schaffte es Margarete Steiff, sich ein ganzes Imperium zu schaffen. Bis heute ist die Marke Steiff mit dem "Knopf im Ohr" ein Begriff für Menschen von der Wiege an. Die beispiellose Geschichte einer Frau, die sich ihren Platz in der Gesellschaft schwer erkämpfen musste, kann man im Museum und im Geburtshaus von Margarete Steiff sehr anschaulich erfahren. Qualität setzt sich durch und das schon seit 1880.

Margarete Steiff was a remarkable figure. Born in 1847, she was left permanently disabled by polio and though she lived in a time when businesswomen scarcely existed, she succeeded in building up a whole empire. The brand name of Steiff is still a household word familiar to people from their earliest days. The unprecedented story of a woman who had to fight hard to gain a place in society is vividly related in the Steiff Museum and at Margarete Steiff's birthplace. The furry toys with the button in their ear have set standards of quality since 1880.

Malgré des séquelles de poliomyélite et à une époque où les femmes ne faisaient pas carrière, Margarete Steiff (1847-1909) réussit à bâtir une entreprise internationale. Jusqu'à aujourd'hui, la marque de jouets Steiff avec le célèbre « bouton dans l'oreille » dont sont dotées toutes les peluches, est exportée dans le monde entier. Le destin d'une femme exceptionnelle, qui dut se battre avec acharnement pour conquérir sa place dans la société, est raconté au musée Steiff et dans sa maison natale. Les peluches Steiff sont garanties de qualité depuis 1880.

Das auf der Ostalb gelegene Lonetal ist durch archäologische Ausgrabungen seit 1861 weltweit bekannt geworden. In der Bärenhöhle fand man außer Höhlenbären auch Steinwerkzeuge von Menschen, die der Geologe Oskar Fraas einer späteren Zeit zuordnete. Fünf Jahre danach erkannte er seinen Irrtum: Die Bären waren die Jagdbeute der Menschen gewesen. Diese Erkenntnis war eine Sternstunde für die Urgeschichtsforschung. Aus der Vogelherdhöhle und aus dem „Stadel" stammen aus Mammutelfenbein geschnitzte Figuren, die 25-30.000 Jahre alt sind.

The Lone valley on the eastern side of the Alb has become world-famous as a result of excavations that started in 1861. In the "Bears' Cave", the excavator found the remains of cave bears, but also stone tools used by humans; these, he decided, belonged to a later period. Five years later, he realized his mistake: the bears were the kill the humans had brought back from their hunting expeditions. This discovery was a historic moment for research into prehistory. 25000 - 30000 year-old figures carved out of mammoth ivory were found in the Vogelherdhöhle.

Des fouilles, effectuées en 1861, ont apporté la célébrité à la vallée de Lonetal, située dans l'est du Jura souabe. La grotte de « Bärenhöhle » renfermait une multitude d´os d´ours et d´outils en pierre que les archéologues datèrent à une époque plus tardive. Cinq ans plus tard, d'autres fouilles révélèrent leur erreur: les ours avaient été le butin des hommes qui habitaient la grotte. Dans la « Vogelherdhöhle », on trouva des statuettes âgées de 25000 - 30000 ans, sculptrées dans des defenses de mamouths.

Elfenbeinschnitzereien △ Löwe

△ Mammut ▽ Fellnashorn Wildpferd ▷

△ Eingang der Vogelherdhöhle Löwenmensch aus der Bärenhöhle ▷

CHARLOTTENHÖHLE bei Hürben, nahe Giengen

Charlotte Cave at Hürben, near Giengen · Grottes « Charlotten » à Hürben, près de Giengen

Als 1893 der Giengener Oberförster Sihler, ein erfahrener Höhlenforscher, mit einigen Einwohnern ins „Hundsloch" bei Hürben stiegen, stießen sie auf eine 587 Meter lange Tropfsteinhöhle. Sie wurde umgehend zur Schauhöhle ausgebaut und als eine der ersten Höhlen elektrisch beleuchtet. Ihren Namen „Charlottenhöhle" erhielt sie nach der damaligen württembergischen Königin. Die beeindruckende Höhle ist ein wahres Wunderwerk aus Tropfsteinkunst, mit Versinterungen in unterschiedlichen Formationen und Farben. Sie ist eine der größten und schönsten Höhlen in Deutschland.

In 1893, one of Giengen's head foresters named Sihler, who was also an experienced potholer, descended into the so-called "Hound-Hole" near Hürben with some local residents. They discovered a 587-metre-long limestone cavern that soon afterwards was equipped as a show cave. It was one of the first of its kind to have electric lighting and was named Charlotte Cave after the reigning queen of Württemberg. This impressive cave is a miracle of limestone formations, with sedimentations in various colours and shapes. It is one of Germany's largest and most beautiful caves.

Quand en 1893, Sihler, garde-champêtre de Giengen et spéologue confirmé, descendit avec quelques habitants dans le « Hundsloch » près de Hürben, ils découvrirent une grotte de stalactites de 587 mètres de longueur. Elle fut aussitôt aménagée pour être ouverte au public et est une des premières grottes à avoir été éclairée à l'électricité. Elle doit son nom « Charlottenhöhle » à la reine du Wurtemberg de l'époque. Cette grotte impressionnante aux multiples formations et nuances est une des plus belles et des plus grandes d'Allemagne.

HEIDENHEIM an der Brenz mit seinem Wahrzeichen – Schloss Hellenstein
Heidenheim an der Brenz, with its landmark of Schloss Hellenstein · Heidenheim an der Brenz – Château de Hellenstein, symbole de la ville

Im ersten Jahrhundert n. Chr. bestand in Heidenheim bereits das Kastell Aquileia, das eine Tausendschaft an berittenen Soldaten besaß. Später entstand an dieser Schnittstelle größerer römischer Straßen eine Zivilsiedlung, die sich auf ca. 20 Hektar ausbreitete. Als die Römer den Limes 260 n. Chr. aufgaben, endete auch für Heidenheim die römische Blütezeit. Eine Völkerwanderung setzte ein. Erst im achten Jahrhundert kam es wieder zu einer urkundlichen Erwähnung Heidenheims. Der Bau von Schloss Hellenstein war auch die Entstehungszeit der mittelalterlichen Stadt Heidenheim.

The Roman fortress of Aquilea, which existed on this site as early as the first century A.D., housed the cavalry force of a thousand. It stood at the crossroads of key Roman trade routes, and later a civil settlement grew up around, covering an area of about 20 hectares. When the Romans abandoned the Limes in 260 A.D. the community's heyday came to an end. The period of the Völkerwanderung began, and not until the eighth century do we find any further documentary evidence of a settlement. The medieval town of Heidenheim was founded at same time as Schloss Hellenstein was built.

Au 1er siècle de notre ère, existait déjà à Heidenheim un castel romain nommé Aquileia, occupé par une légion de 1000 hommes. Plus tard, une colonie civile s'étendant sur quelque 20 hectares fut fondée à cet endroit de croisement de grandes routes romaines. L'âge d'or romain de Heidenheim s'acheva lorsque les Romains abandonnèrent la frontière du limes vers 260 de notre ère. Il y eut alors une importante migration humaine. Heidenheim n'est mentionnée de nouveau dans un document qu'au VIIIe siècle. L'édification du château marque la fondation du Heidenheim médiéval.

Heidenheim entwickelte sich rege und bekam 1356 die Marktrechte. Schon 1590 hatte man aus der Brunnenmühlenquelle ein Wasserversorgungssystem für die heutige Altstadt entwickelt. Ein wichtiger Wirtschaftszweig war der Erzabbau und später die Textilindustrie. Dass der Schwabe so schnell nichts verkommen lässt, kann man aus der Anekdote der Knöpfleswäscherin mit einem gewissen Schmunzeln ersehen. Beim Überbringen der Mittagsmahlzeit für ihren Mann fielen die Knöpfle (Dampfnudeln) in den Staub. Im Stadtbach gewaschen, schmeckten sie ihrem Mann anscheinend besonders gut.

Heidenheim underwent rapid development and was granted a town charter in 1356. After the tapping of the Brunnenmühlen springs, a water supply was constructed in the present-day Old Town as early as 1590. Iron ore mining, and later the textile industry, were key factors in the local economy. The legendary thriftiness of the Swabians is illustrated in the tale of a local woman who was taking a meal of steamed dumplings to her husband and dropped them in the dust. She washed them in the stream and her husband was delighted with the taste. She is commemorated by a fountain near the Town Hall.

Heidenheim se développa rapidement et obtint ses droits de marché en 1356. Dès 1590, on installait un système d'alimentation en eau dans le quartier actuel de la Vieille-Ville. L'extraction du minerai, puis l'industrie textile étaient deux branches économiques importantes de la ville. Une anecdote amusante révèle la réputation d'économes des Souabes : en apportant son repas de midi à son mari, une brave femme fit tomber les nouilles dans la poussière. Elle les lava dans le ruisseau de la ville et leur goût n'en parut que meilleur à l'époux.

Felsenmeer im Wental

Rocky landscape, Wental · Paysage de rochers dans le Wental

Am Herwartstein ,dem Hausberg des idyllisch gelegenen Ortes Königsbronn, blickt man auf die schöne Fassade des Rokoko-Rathauses von 1775 (Bild unten). Gleich in der Nähe befindet sich der Brenztopf mit einer Hammerschmiede, das Industriedenkmal erlebt nun als Wasserkraftwerk und Kulturhalle eine neue Bestimmung. Das ehemalige Zisterzienserkloster Königsbronn von 1302 ist noch teilweise erhalten und bietet im dortigen Torbogenmuseum Einblicke in die Geschichte der Königsbronner. Die Gedenkstätte Georg Elser dokumentiert seinen Widerstand gegen Adolf Hitler: Elser war für das Attentat am 8. November 1939 verantwortlich.

From Herwartstein, the local mountain of the idyllically situated town of Königsbronn, you can look down to the fine facade of the Rococo Town Hall of 1775 (below). Nearby is the source of the River Brenz and a forge, now designated an industrial monument. It has also adopted a new role as a hydroelectric plant and cultural venue. The former Cistercian monastery of Königsbronn, dating from 1302, has partly been preserved, and in Torbogen Museum offers visitors insights into local history. The Georg Elser Memorial documents Elsner's opposition to the Nazis; he was responsible for the assassination attempt of 8 November 1939.

Königsbronn occupe une situation idyllique au pied du Herwartstein. L'hôtel de ville a une magnifique façade baroque de 1775 (photo ci-dessous). À proximité, se trouve la source karstique dite Brenztopf et l'ancienne martellerie, aujourd'hui monument industriel et salle culturelle. Érigé en 1302, l'ancien monastère cistercien est en partie conservé et abrite un musée. Le monument dédié à Georg Elser (1903-1945) rappelle que ce résistant au nazisme commit l'attentat manqué contre Hitler du 8 novembre 1939 à Munich.

„Ulmer Geld regiert die Welt", hieß es in der hochmittelalterlichen Blütezeit der Reichsstadt Ulm. Nach Nürnberg besaß sie bis zum Beginn des 19. Jahrhunderts, das zweitgrößte Reichsstadtterritorium. 10.000 Bürger begannen 1377 den Bau des Ulmer Münsters, jedoch wurde es erst 1890 mit dem 161 Meter hohen Kirchturm, dem höchsten der Welt, vollendet. – Die ehemalige Benediktinerabtei Ulm-Wiblingen besticht durch eine der zauberhaftesten Schöpfungen des 19. Jahrhunderts, den 1740 bis 1750 geschaffenen Rokoko-Bibliothekssaal.

"Ulm's money rules the world", was said in Ulm's heyday as an imperial city during the High Middle Ages. At the beginning of the 19th century it possessed the second largest area of imperial territory after Nuremberg. However, it was only 1890, after an interruption of building work for more than 300 years, that the 161-metre-tall church tower, the tallest in the world, and thus the church were finally completed. – The former Benedictine Abbey of Ulm-Wiblingen houses one of the most captivating architectural gems of the 18th century, the rococo library room.

« L'argent d´ Ulm régit le monde », disait-on à l'apogée de la ville, durant le haut moyen-âge. Jusqu'au début du XIXe siècle, Ulm fut la première ville libre impériale de la région, derrière Nuremberg. Elle resta inachevée pendant plus de trois siècles et ne fut terminée qu'en 1890, selon le plan primitif. Haute de 161 mètres, sa tour est le plus haut clocher du monde. – L'ancienne abbaye bénédictine d'Ulm-Wiblingen renferme une des plus remarquables créations du XVIIIe siècle: une bibliothèque rococo.

Mystisch und geheimnisvoll mutet die grün und blau schimmernde Karstquelle an. Viele Geschichten ranken sich um sie; wie die der Wassernixe, die hier wieder lachen gelernt hat (Eduard Mörike). Die ergiebige Quelle zog schon vor sehr langer Zeit Menschen an. Das belegen einige Funde, die 35.000 Jahre alt sind. Erst 1957 gelang es, der Quelle auf den Grund zu gehen. Die Höhlenlänge wurde jetzt mit über 10 km gemessen, erstaunliche Höhlenformationen, die zum Teil auch mit Luft gefüllt sind wie die große Halle des "Mörikedoms". Aber es bleibt spannend, da die Forschungen weiter gehen.

There is an eerie and mysterious air about the deep, shimmering blue- green waters of Blautopf limestone spring. Many legends surround it, such as Eduard Mörike's tale of the water nymph who learned to laugh again. Mankind has been drawn to the site from the earliest times, as is shown by finds dating back 35,000 years. In 1957 the source of the funnel-shaped spring was at last investigated, and since then amazing cave formations have been discovered at depths of up to 10 km, some filled with air, like Mörikedom Cave. Surprises may still be in store, as much remains unexplored.

La source karstique étincelant de reflets verts et bleus mystérieux a inspiré de nombreux récits tels que celui de la naïade qui réapprit ici à rire (Eduard Mörike). La source abondante a attiré les hommes depuis la nuit des temps ainsi qu'en témoignent des trouvailles datant de 35 000 ans. On ne parvint qu'en 1957 à explorer son fond pour découvrir à 10 km d'étonnantes formations de grottes dont certaines sont remplies d'air telles que l'immense salle appelée « Mörikedom ». Et on n'a pas encore tout exploré !

Blautopf Höhle „Mörikedom" (25 Meter breit, 30 Meter hoch und 125 Meter lang)
Blautopf cave of Mörikedom · Blautopf, grotte « Mörikedom »

Erste Kunde von einer Höhle im Achtal bei Schelklingen brachte zu Anfang des 19. Jh. ein Töpfer, der darin Lehm gegraben hatte. Danach fanden von 1870 bis 1871 im „Hohlen Felsen" Ausgrabungen statt, die große Bedeutung für die Urgeschichte hatten. So wie die Entdeckung 1999 eines handrückengroßen Kalksteins mit aufgemaltem roten Punkten. Mit 13.000 Jahren ist sie vielleicht die älteste Malerei in Süddeutschland. – In herrlicher Umgebung im Kirchener Tal errichtete das nahe Kloster Zwiefalten Ende des 12. Jh. die Propstei Mochental. Der heutige Barockbau beherbergt verschiedene Museen.

First news of a cave in the Ach valley near Schelklingen was brought by a potter at the beginning of the 19th century who had dug clay there. After this, there were first excavations in 1870 to 1871 in "Hollow Rock", which revealed its great significence for research in pre-history. In 1999 there was a surprising discovery: a limestone as large as a back of a hand with red points. It is nearly 13,000 years old and might be the oldest painting in the south of Germany. – As early as the 13th century, Zwiefalten monastery built the provostric Mochental. The baroque building houses various museums.

La grotte « Hohler Fels » dans la vallée de Achtal près de Schelklingen, est mentionnée pour la première fois au début du XIXe siècle, après qu'un potier y ait trouvé de l'argile. Cela entraîna de premières fouilles en 1870-71 qui révélèrent l'importance de cette grotte pour la préhistoire. Il a environs 13.000 ans et présente peut-être la peinture la plus ancienne dans le Sud de l'Allemagne. – Au XIIIe siècle, l'abbaye de Zwiefalten fit ériger le prieuré de Mochental. L'édifice actuel date de l'époque baroque et abrite aujourd'hui différents musées.

Obermarchtal liegt am zweiten Durchbruch der Donau, als malerische Partie auf einem Weißjurafelsenplateau. Die Pfarrkirche St. Michael von Neuburg in der Gemeinde Lauterach schaut mit ihrem hübschen Zwiebelturm über dem Rand der Kalkfelsen hervor. – Oberhalb der Ortschaft Bichishausen liegen die gleichnamige Burgruine und die Ruine Wartstein. Die Ruine Derneck wurde vom Schwäbischen Albverein zum Wanderheim ausgebaut. Die Burg Niedergundelfingen wurde restauriert und ist nun bewohnt.

Obermarchtal is set in a picturesque location at the point where the Danube breaches the Late Jurassic plateau for a second time. The attractive onion tower of St Michael of Neuburg, in the parish of Lauterach, can be seen above the limestone cliffs. — Just outside Bichishausen lies the ruined castle of the same name and the ruins of Wartstein.The ruins of Derneck castle were rebuilt as a hiking lodge by the Schwäbische Alb Association. The ruins of Niedergundelfingen Castle have been restored and it is now inhabited.

La vallée dite « Obermarchtal » s'étend à la deuxième brèche du Danube et offre un paysage idyllique sur un des plateaux de roche blanche du Jura souabe. Le clocher à bulbe de l'église paroissiale Saint-Michael de Neuburg / commune de Lauterach, émerge des falaises de calcaire. — Surplombant le hameau de Bichishausen se dressent les ruines du château éponyme et du Warstein. Le château de Derneck abrite un refuge de randonneurs de l'association du Jura souabe. Le château de Niedergundelfingen fut restauré et est habité.

GROSSES LAUTERTAL bei Gundelfingen, Spitzer Stein
Lauter Valley, Spitzer Stein near Gundelfingen · Vallée de la Lauter, Spitzer Stein près de Gundelfingen

Das 1089 gegründet Benediktinerkloster Zwiefalten zeichnete sich bis zu seiner Angliederung an Württemberg 1802 durch die Disziplin seiner Mönche, ihre wissenschaftliche und künstlerische Tätigkeit und durch eine wohlgeordnete Wirtschaftsführung aus. Es besaß 26 Dörfer und zahlreiche Güter, verstreut über die ganze Schwäbische Alb. Deshalb bemühten sich die Grafen von Württemberg seit 1365 als Vögte, den Klosterbesitz zu übernehmen. Der barocke Neubau des Klosters und der Kirche wird als hervorragende Leistung anerkannt.

The Benedictine monastery of Zwiefalten, founded in 1089, was notable up to the time of its incorporation into Württemberg in 1802 for the discipline of its monks, their scientific and artistic activities and the orderly management of the estate. It included 26 villages and countless farmsteads scattered all over the Schwäbische Alb. This was why the Counts of Württemberg had tried from as early on as 1365 to take over the monastery properties as bailiffs and governors. The monastery and church, rebuilt in the baroque style, are considered a fine achievement.

Jusqu'à son annexion au Wurtemberg en 1802, l'abbaye bénédictine de Zwiefalten, fondée en 1089, était réputé pour les travaux scientifiques et artistiques de ses moines, et une grande prospérité économique due à une gestion remarquable. Elle possédait 26 villages et de nombreux domaines répartis dans tout le Jura souabe. C'est pourquoi les comtes de Wurtemberg, seigneurs de la région, tentèrent dès 1365, de s'approprier le monastère. Les bâtiments conventuels et l'église construite en style baroque sont remarquables.

SIGMARINGEN an der Donau, Residenzschloss und Verwaltungssitz der Hohenzollern-Sigmaringen

Schloss Sigmaringen, administrative seat of Hohenzollern-Sigmaringen · Château de Sigmaringen, siège administratif des Hohenzollern-Sigmaringen

Das majestätisch auf steilem Felsen über der Donau aufragende Schloss Sigmaringen ging aus einer Burg des 11. Jh. hervor. Im 16. Jh. gelangte Sigmaringen in den Besitz des Hauses Hohenzollern, das nach 1576 in die vier, im 17. Jh. gefürsteten Linien Sigmaringen, Hechingen, Haigerloch und Hohenzollern aufgeteilt wurde. Schloss und Stadt Sigmaringen wurden zur Barockresidenz ausgebaut. — Das tief in die Albtafel eingeschnittene Obere Donautal, das als Naturpark Obere Donau unter Schutz gestellt worden ist, bietet Wanderern und Radfahrern Gelegenheit zum Erleben der Natur.

Sigmaringen Castle, towering up majestically on a steep rockface above the Danube, stands on the site of an 11th century fortified castle. In the 16th century Sigmaringen came under the control of the House of Hohenzollern, which was 1576 divided into the four separate lineages of Sigmaringen, Hechingen, Haigerloch and Hohenzollern, all four which were raised to the rank of a principality in the 17th century. — The upper Danube valley has cut its way deep into the Alb strata and is now protected as the Upper Danube Nature Reserve. Hikers and cyclists have many of opportunities to explore the countryside.

Perché sur un piton rocheux, le château de Sigmaringen se dresse dans toute sa majesté au-dessus du Danube. Ses origines remontent au XIe siècle. Il devint la possession de la maison Hohenzollern au XVIe siècle qui se sépara en quatre branches princières au XVIIe siècle: Sigmaringen, Hechingen, Haigerloch, et Hohenzollern. — La vallée profondément encaissée du Danube supérieur est devenue un site protégé appelé « parc naturel du Danube supérieur » et offre de magnifiques randonnées à pied ou à bicyclette.

Schloss Werenwag in the Upper Danube valley · Château de Werenwag dans la vallée supérieure du Danube

Die höchste Zahl an baden-württembergischen Felsen findet man auf der Schwäbischen Alb. Sie sind dort überwiegend aus den Schwammkalken des Malms gebildet: mächtige Stöcke von Kieselschwämmen, die im Jurameer lebten und später in die weicheren Ablagerungen des Meeresbodens eingebettet wurden. Die harten Schwammkalke ragen nun am Albtrauf und im Donautal als steile Felsen heraus. Auch am Rabenfels, im Oberen Donautal, sind durch die Erosionskräfte des Flusses eine Vielzahl von harten Schwammbänken des Jurameeres freigelegt worden, die weiß hervorstechen.

Most of Baden-Württemberg's rock formations are to be found in the Swabian Highlands. Most are formed from Upper Jurassic period sediments that accumulated on the bed of the Jurassic sea. The results are visible today as steep, gradually eroding rockfaces, for example in the Danube valley. One such place is the Rabenfels in the Upper Danube valley, where over the course of time the river has uncovered remnants from the Jurassic period that now stand out in the landscape against the luxuriant green vegetation all around.

Le Jura souabe est la région la plus rocheuse du Bade-Wurtemberg. Les rochers sont pour la plupart formés du calcaire fossilifère jurassien : d'énormes bancs de triaxonides qui vivaient dans la mer jurasienne et s'intégrèrent plus tard dans les couches tendres du fond marin. Ce calcaire coquillier forme les nombreux rochers escarpés qui parsèment la vallée du Danube. Au Rabenfels, dans la vallée supérieure du fleuve, l'érosion due aux forces de l'eau a mis au jour des bancs de calcaire fossilifère de la mer jurassienne, qui aujourd'hui se détachent par leur blancheur dans le paysage verdoyant.

Donautal im Morgennebel bei Beuron

Morning mist in the Danube valley near Beuron · Vallée du Danube dans la brume matinale près de Beuron

Eines der schönsten Flusstäler Europas hat die Donau geschaffen: den Donaudurchbruch durch die Schwäbische Alb. Über 200 Meter tiefe Schluchten und steile Felswände sowie alpin anmutende Kliffs flankieren den gewundenen Canon, den die in Urzeiten wesentlich mächtigere Donau gebildet hat. Vom Eichfelsen bei Beuron hat man den schönsten Blick. An den schroffen Hängen thronen romantische Burgen und Ruinen. Besonders eindrucksvoll und am besten erhalten sind die nicht öffentlich zugänglichen Schlösser Werenwag und Bronnen sowie Burg Wildenstein, in der sich eine Jugendherberge befindet.

At the point where it breaks through the Swabian Highlands, the Danube has created one of the most beautiful river valleys in Europe. The meandering gorge, chiselled out by the considerably more powerful Danube of primeval times, is flanked by over 200-metre-high cliffs and Alpine-style rockfaces. The finest view is from the Oak Rock near Beuron. Castles and ruins cling to the steep slopes, the most impressive of which are Werenwag Castle and Bronnen Castle, which are not accessible to the public, and Wildenstein Castle which is now a youth hostel.

Il y a très longtemps, alors qu'il était beaucoup plus puissant qu'aujourd'hui, le Danube a créé l'une des plus belles vallées fluviales d'Europe durant son parcours dans le Jura souabe. Des parois escarpées, hautes de plus de 200 mètres, bordent le profond ravin sinueux où coule le fleuve. Le site d'Eichfelsen près de Beuron offre le plus beau panorama sur cette partie du fleuve. Des châteaux et des ruines féodales s'accrochent aux versants abrupts. Parmi les plus impressionnants et bien conservés, citons les châteaux de Werenwag et de Bronnen, fermés au public, et Burg Wildenstein qui abrite une auberge de jeunesse.

Als eine Perle des Oberen Donautals zeigt sich das Kloster Beuron dem Betrachter. Über sieben Jahrhunderte war es Augustiner-Chorherrenstift bis zur Säkularisierung 1803. Fürstin Katharina von Hohenzollern überließ die leerstehenden Gebäude 1863 den Benediktinern. Sie mussten 1875 im preußischen Kulturkampf weichen und konnten erst 1887 zurückkehren. Weltweit machten sie sich einen Namen durch die Beuroner Kunstschule und ihre wissenschaftlichen Forschungen.

Beuron monastery is one of the jewels of the upper Danube valley. Before its dissolution in 1803, it had been an Augustinian canonical foundation for over seven centuries. In 1863 Princess Catherine of Hohenzollern donated the unoccupied buildings to the Benedictines. They had to withdraw during the struggle between the church and the Prussian state in 1875, not returning again until 1887. They established a worldwide reputation with the Beuron school of art and its academic research.

L'abbaye de Beuron est l'un des édifices les plus remarquables de la vallée du Danube supérieur. Le couvent fondé et occupé par des Augustins durant plus de 700 ans, fut sécularisé en 1803. La princesse Catherine de Hohenzollern offrit les bâtiments vides aux Bénédictins en 1863; mais ils durent quitter les lieux sous la pression prussienne en 1875 et ne les réintégrèrent qu'en 1887. Depuis, les moines de Beuron se sont fait une réputation mondiale grâce à leurs travaux scientifiques et à la célèbre Ecole d'art de Beuron.

TUTTLINGEN an der Donau - Stadtblick mit dem Honberg

Tuttlingen, city with Honberg mountain · Tuttligen au pied du massif Honberg

Am Beginn des Donaudurchbruchs durch die Schwäbische Alb liegt Tuttlingen, wo schon die Römer ein Kastell unterhielten. Nach einem Stadtbrand 1803 wurde Tuttlingen mit schachbrettartigem Grundriss wieder aufgebaut. An der klassizistischen Stadtkirche ist eine figurenreiche Jugendstilfassade zu bewundern. Ein seltenes Naturschauspiel sieht man beim Tuttlinger Stadtteil Möhringen: die Donauversickerung. Hier verschwindet der Fluss bei Niedrigwasser fast völlig, um 15 Kilometer entfernt im Aachtopf, Deutschlands größtem Quelltrichter, wieder ans Licht zu kommen.

Tuttlingen is situated at the point where the Danube breaks through the Swabian Highlands, where the Romans once had a fort. After the big fire of 1803, Tuttlingen was rebuilt on a grid system. The classical Town Church boasts an unusual, intricately decorated art-nouveau facade. In the Tuttlingen suburb Möhringen, a rare natural phenomenon can be seen: the Danube seeps away in clefts and fissures, disappearing almost entirely from sight at low water, only to reappear 15 kilometres further along in the Aachtopf, Germany's largest spring crater.

Tuttlingen s'étend à l'entrée du Danube dans le Jura souabe, là où les Romains avaient déjà érigé un castel. Après avoir subi un incendie en 1803, la ville fut reconstruite selon un plan en échiquier. L'église paroissiale néoclassique possède une façade richement décorée dans le style art nouveau allemand. On peut observer un phénomène naturel rare à Immendingen, un village près de Tuttlingen-Möhringen: la perte du Danube; les eaux du fleuve s'infiltrent dans des crevasses et des fissures pour réapparaître 15 kilomètres plus loin au Aachtopf, la plus grande source vauclusienne d'Allemagne.

Mühlheim entstand ursprünglich nicht auf dem Bergsporn, wo sich heute das Schloss befindet. Der Ausgangspunkt ist in der Altstadt zu suchen, denn dort nutzte man eine Karstquelle und betrieb damit schon seit der Römerzeit Mühlräder. Ihren Auftrieb bekam die Stadt durch einen Handelsweg, der hier die Donau in einer Furt überquerte, so dass sich bald auch der Hochadel für den Ort interessierte. Mit der Verlagerung der Handelswege auf Straßen verlor Mühlheim an Bedeutung. Heute findet man hier ein beschauliches und historisches Städtchen.

The origins of the town are not to be found around the spur of land on which Schloss Mühlheim is situated, but in the Old Town, around a spring whose waters were used to drive mill wheels during Roman times already. Later, the course of a trade route which crossed the Danube here, by a ford, ensured an upswing in the area's fortunes and the aristocracy moved in. But after the introduction of tarred roads, the town declined in importance. Today it is a tranquil place of great historical charm.

Le château juché sur un éperon rocheux n'est pas à l'origine de Mühlheim. La localité est née dans sa vieille-ville où se trouvait une source karstique qui faisait déjà tourner les roues de moulins à l'époque romaine. La prospérité arriva plus tard grâce une route de commerce qui traversait un gué du Danube situé à cet endroit. La ville attira alors les familles nobles. Mühleim perdit cependant de son importance quand la route marchande fut déplacée. C'est aujourd'hui une petite ville agréable, riche d'un passé historique à découvrir.

DENKINGEN – Blick vom Klippeneck (980 Meter)

Denkingen, view from Klippeneck · Denkingen, vue depuis le Klippeneck

Durch den Fund eines Baumsarges, dessen Holz 599 gefällt worden war, konnte eine frühe Besiedelung von Denkingen nachgewiesen werden. 1913 kam es zum Spatenstich der Heubergbahn, welche jedoch nur unter großen Opfern, besonders im steil abfallenden Denkinger Gebiet, 1928 fertiggestellt werden konnte. Heute ist die Trasse der Heubergbahn ein gut ausgebauter Wanderweg, welcher herrliche Aussichtspunkte bis zum Schwarzwald bietet. Einer der schönsten Waldbäume hat sich hier wieder etabliert – die Eibe.

The discovery of a coffin made from a tree trunk felled in 599 B.C. provided proof that Denkingen was settled very early indeed. In 1913 the first foundations of the Heuberg Railway were dug out. The project was finally completed in 1928 and with great loss of life, mainly on the steep slopes around Denkingen. Today the abandoned railway line serves as a well-marked hikers' path offering superb views that extend to the Black Forest. Recently, one of the most beautiful of forest trees, the yew, has been able to re-establish itself here.

La fondation de Denkingen remonte à fort longtemps ainsi que le prouve la découverte d'un cercueil fabriqué avec un arbre abattu en 599 après Jésus-Christ. Le premier coup de bêche pour la construction du chemin fer Heubergbahn fut donné en 1913, mais la ligne n'était terminée qu'en 1928, après maintes difficultés, surtout dans la région au relief très accidenté de Denkingen. Aujourd'hui, son tracé est suivi par un chemin de randonnée bien balisé, duquel on découvre de magnifiques panoramas s'étendant jusqu'à la Forêt-Noire.

Funde aus der Bronze-, Eisen- und Römerzeit belegen, dass die Höhenlage am Steinberg strategisch günstig war. Somit wurden hier schon vor dem eigentlichen Burgbau Befestigungsanlagen gebaut. Um 1100 baute man die Höhenburg auf dem Bergplateau des Steinbergs. Die Schalksburg gehört zu Burgfelden, einer der höchst gelegenen Gemeinden der Schwäbischen Alb. Die Schalksburg wurde als Zollernburg weiter ausgebaut; im 14. Jahrhundert hatte sie die Ausmaße einer mächtigen Anlage von über drei Hektar.

Archeological finds dating from the Bronze and Iron Ages and from Roman times show that the spectacular heights of Steinberg have always been strategically important. There were fortifications here long before the hilltop castle of Schalkburg was erected around 1100 A.D. It stands on a plateau on Steinberg and is now situated in the parish of Burgfelden, one of the highest of the Schwäbische Alb. Castle and grounds were later extended by the Hohenzollern dynasty and by the 14th century formed powerful defences extending over more than three hectares.

Des trouvailles datant de l'âge du bronze, de l'âge du fer et de l'époque romaine témoignent de la situation stratégique des hauteurs du Steinberg. Plusieurs installations fortifiées précédèrent l'édification d'un château au Moyen Âge. Le château fort de Schalksburg fut construit au sommet du Steinberg vers 1100. Il appartient à Burgfelden, une des communes les plus élevées en altitude du Jura souabe. La forteresse fut agrandie quand elle devint un poste de péage et occupait une superficie de plus de trois hectares au XIVe siècle.

ALBSTADT, eheml. Franziskanerinnenkloster Margrethausen
Albstadt, former Franciscan convent of Margrethausen · Albstadt, ancien couvent de franciscaines Margrethausen

Die Europäische Wasserscheide verläuft mitten durch Albstadt. Hier sind die Winter lang und kalt und die Sommer kurz. Der Juraboden lässt das Wasser absickern, so dass die Böden nicht besonders ertragreich sind. Doch das touristische Freizeitangebot ist umfangreich und bietet vom Wandern bis zum Skifahren ein reiche Palette an Aktivitäten. Bis 1811 betrieb man das ehemalige Franziskanerinnenkloster Margrethausen (1338) mit umfangreichen Länderreien, Gütern und Besitztümern erfolgreich. Nach der Säkularisierung fand das Kloster verschiedene neue Bestimmungen.

The Main European Watershed runs through the centre of Albstadt. Up here, winters are long and cold and summers short. Water seeps rapidly into the Jurassic limestone of the area, so the soil is not very fertile. On the other hand, leisure activities for tourists are plentiful, and feature a wide range of sports from hiking to skiing. Up to 1811 the nuns of the Franciscan Margrethausen convent (1338) ran their establishment very successfully, with extensive domains, manors and estates. After secularisation, the convent buildings were adapted to a variety of new uses.

La ligne de partage européenne des eaux traverse Albstadt. Les hivers sont longs et les étés courts dans cette région. Le sol jurassique n'est pas très fertile car il ne retient pas l'eau. Toutefois, le tourisme s'est développé et offre un vaste éventail de loisirs, depuis la randonnée aux sports d'hiver. Jusqu'en 1811, l'ancien couvent de franciscaines Margrethausen (1338) possédait des terres, des fermes et autres propriétés. Après la sécularisation, le couvent dut trouver d'autres sources de revenus.

Zollernschloss bei Balingen

Zollern Palace near Balingen · Château des Zollern près de Balingen

Das zierliche Zollernschloss am Flüsschen Eyach bildet zusammen mit dem letzten erhaltenen runden Turm der Stadtmauer einen besonders romantischen Winkel der Stadt Balingen. Es stammt ursprünglich aus dem 15. Jh., wurde aber wegen Baufälligkeit 1920 abgerissen und 1936 einigermaßen originalgetreu wieder aufgebaut. Heute beherbergt es ein Museum für Waagen und Gewichte. Hier sind zum Beispiel eine römische Schnellwaage und die erste Neigungswaage von 1770 zu bewundern. In der Umgebung findet man weitere malerische Winkel mit alten Gerber- und Färberhäusern.

The dainty little Hohenzollern Castle on the River Eyach forms a romantic corner in the town of Balingen, together with the last round tower of the town that is still preserved. The castle originally dates from the 15th century but was torn down in 1920 due to its dilapidated state, then rebuilt in 1936 more or less in its original form. Today it houses the Museum of Local History and an almost certainly unique museum of scales and weights. The exhibits include, for example, a rough and ready pair of scales from Roman times and the first inclining scales of 1770.

Situé sur la petite rivière de l'Eyach, l'élégant château des Zollern présente, avec la dernière tour ronde conservée des fortifications de la ville, une image très romantique de Balingen. Datant à l'origine du XVe siècle, le château délabré fut rasé en 1920, mais reconstruit en 1936, selon les plans d'origine. Il abrite aujourd'hui le musée municipal ainsi qu'un petit musée intéressant de poids et mesures. On peut y voir par exemple une balance de l'époque romaine et une des premières balances à bascule de 1770. Alentour, on découvrira d'autres coins pittoresques avec de vieilles maisons de tanneurs et teinturiers.

HAIGERLOCH, Schloss und Schlosskirche

Haigerloch, castle and castle church · Haigerloch, château et église

Kühn kleben auf einer schmalen Bergnase über der Eyach Schloss und Schlosskirche von Haigerloch. Während das Schloss als Hotel genutzt wird, beeindruckt in der Schlosskirche ein Renaissance-Altar von 1609, einer der wenigen erhaltenen Altäre dieses Baustils, sowie die reiche Barock- und Rokoko-Ausstattung mit zahlreichen Altären, Stuckarbeiten und Gemälden aus dem 18. Jahrhundert. Neben Sigmaringen und Hohenzollern ist Haigerloch das dritte Hohenzollernschloss des einst durch Erbteilung dreigeteilten Landes.

The castle and castle church of Haigerloch stand out boldly on a narrow rocky outcrop above the Eyach. The castle is now a hotel, while the castle church retains an impressive Renaissance altar of 1609 – one of the few examples of altars in this style that are still preserved – as well as its richly decorated baroque and rococo interior, with 18th century altars, stucco work and paintings. Haigerloch is the third Hohenzollern Castle, alongside Sigmaringen and Hohenzollern, a fact due to the threefold hereditary partition of the state.

Le château de Haigerloch et son église se dressent témérairement sur un étroit éperon rocheux au-dessus de l'Eyach. Le château est aujourd'hui un hôtel. Dans l'église, on peut admirer un maître-autel Renaissance de 1609, un des derniers conservés de ce genre, plusieurs beaux autels collatéraux, et surtout une riche décoration de style baroque et rococo comprenant des stucs et des peintures du XVIIIe siècle. Outre Sigmaringen et Hohenzollern, Haigerloch est la troisième résidence bâtie par les Hohenzollern après le partage en trois de leur patrimoine.

Auf steilem Bergkegel vor der Hochfläche der Schwäbischen Alb erhebt sich die berühmteste und am meisten besuchte Burg des Landes: Hohenzollern. Vermutlich im 11. Jahrhundert entstand hier die erste Burg, die 1423 zerstört wurde. Die zweite verfiel nach dem Dreißigjährigen Krieg. Als 1819 der junge preußische Kronprinz den Stammsitz seiner Ahnen besuchte, war er von der Ruine so beeindruckt, dass er sich den Wiederaufbau in den Kopf setzte – und ab 1850 in Angriff nahm. Die eingeweihte dritte Burg (1867) entspricht der Burgenromantik des 19. Jahrhunderts.

The most famous and most visited castle in the region, Hohenzollern, rises up on a cone-shaped mountain before the Swabian tablelands. The first castle was built here in the 11th century, but was destroyed in 1423. The second fell into disrepair after the Thirty Years´ War. In 1819 the young Prussian crown prince visited the castle of his ancestors and was so impressed by the ruins that he decided to rebuild it – a task he set about in 1850. Thus the present and third Hohenzollern Castle, officially opened in 1867, is an example of 19th century romanticism.

Hohenzollern, le château le plus visité de la région, s'élève sur un cône abrupt devant le haut-plateau du Jura souabe. Dès le XIe siècle, un château féodal, détruit en 1423, se dressa à cet endroit. Le deuxième château tomba en ruines après la guerre de Trente Ans. Lorsque le jeune prince héritier prussien visita le berceau de sa famille, en 1819, il fut si impressionné par les vestiges qu'il se mit en tête de reconstruire le château de ses ancêtres. C'est ainsi que le troisième château des Hohenzollern, commencé en 1867.

BURG HOHENZOLLERN, Stammsitz des preußischen Königshauses und der Fürsten von Hohenzollern
Hechingen, former seat of the Dukes of Hohenzollern · Burg Hohenzollern, berceau de la maison royale de Prusse et des princes de Hohenzollern

Die folgenden Nachsatzseiten zeigen einige Tierarten der Schwäbischen Alb aus der Eiszeit, die vor 10.000 Jahren zu Ende ging. Sie sind zum Teil ausgestorben, zum Teil kommen verwandte Arten heute noch in kälteren Regionen der Erde vor. Abgebildet sind von links nach rechts: Wolf, Steppenbison, Säbelzahntiger, Mammut, Höhlenlöwe.

A number of species indigenous to the Schwäbische Alb in the Ice Age, which finished some 10,000 years ago, are depicted on the following pages. Some have become extinct, related species of others are still to be found today in colder regions of the earth. From left to right the animals are: wolf, prairie bison, sabre-toothed tiger, mammoth, cave lion.

Les pages suivantes montrent quelques espèces d'animaux qui vivaient dans le Jura souabe à l'ère glaciaire qui se termina il y a environ 10 000 ans. Beaucoup d'espèces ont disparu, mais certaines ont évolué et vivent dans les régions aux climats tempérés du globe. De gauche à droite: loup, bison des steppes, machairodus, mammouth.

überarbeitete Auflage 2015

Redaktion und Gestaltung: Horst Ziethen

Text: Hans Binder, außer die nachfolgenden Seiten
Anette Ziethen. S. 27, 37, 38, 44, 45, 46, 48, 51, 52, 55, 57, 61, 63, 65, 67, 68, 70, 72, 73, 78, 82, 85, 89, 90, 97, 98,
Markus Schnurpfeil: S. 47

Englisch-Übersetzung: John Stevens, Dr. Gwendolen Webster
Französisch-Übersetzung: France Varry

Produktion: ZIETHEN-PANORMA VERLAG GmbH

Printed in Germany

ISBN 978-3-934328-40-2

BILDNACHWEIS / TABLE OF ILLUSTRATIONS / TABLE DES ILLUSTRATIONS

Exclusiv-Fotografie: RODRUN/Robert Knöll

Zusatzaufnahmen:
Karl Kinne: 27 · Achim Keiper: 33 · Horst Ziethen: 34, 35, 36, 37, 40, 41, 48, 52, 53(4), 55, 58b, 59 a+ c, 60, 61, 67, 68, Institut u. Museum für Paläontologie, Tübingen: 39 · Kloster Lorch: 49, 50 · Gmähle: 51 · Stuttgarter Elsässer Luftbild: 56, 72 · Regierungspräsidium Stuttgart, Landesamt für Denkmalpflege: 58a · Limesmuseum, Aalen: 59 b+ d · Burg Katzenstein: 63 b+c · Anette Ziethen: 64(4) · Elfenbeinschnitzereien: „Löwenmensch"- Ulmer Museum, vier weitere Tierabbildungen: Institut für Urgeschichte der Universität Tübingen: 65 · Museum im Römerbad Heidenheim/Balle, Gereon Balle: 69 · Andreas Kücha/ Arge Blautopf: 76 · huber-images.de / Schmid Reinhard: Titel + 82 · Stadt Albstadt: 92 · Stadt Hechingen/Jochen Speidel: 95 · BA Mauritius/D.Nill: 96

Nachsatzseite: Graphik „Tiere der Eiszeit" - Frank Ziethen